KB124849

CEO 칭기즈칸처럼
경영하라

CEO 칭기즈칸처럼 경영하라

쓰마안 지음 | 김보경 옮김

일빛

CEO 칭기즈칸처럼 경영하라

2006년 2월 10일 초판 1쇄 발행
2011년 1월 5일 초판 5쇄 발행

지은이 | 쓰마안(司馬安)
옮긴이 | 김보경

펴낸이 | 이성우
편집주간 | 손일수
본문디자인 | 이수경
마케팅 | 서선교·황혜영

펴낸곳 | 도서출판 일빛
출판등록 | 제10-1424호(1990년 4월 6일)
주소 | 121-837 서울시 마포구 서교동 339-4 가나빌딩 2층
전화 | 02) 3142-1703~5
팩스 | 02) 3142-1706
전자우편 | ilbit@naver.com

값 12,800원
ISBN 89-5645-107-9 (03320)

최근 중국 기업가들 사이에 '기업을 하려면 정치를 알아야 한다', '경영은 전쟁이다' 와 같은 관점이 공감대를 형성하면서『손자병법(孫子兵法)』,『삼국지(三國志)』,『모택동선집(毛澤東選集)』과 같은 책을 읽으며 그 안에서 가르침을 구하는 경영자가 늘어나는 추세다.

니룬펑(倪潤峰)은 창업을 준비할 때『삼국지』를 정독하며 경영 전략을 습득했다고 고백했다. 레노보(Lenovo)그룹 류촨즈(柳傳志) 회장과 쥐런(巨人)그룹 스위주(史玉柱) 회장은『모택동선집』에서 많은 도움을 얻었다고 여러 차례 공개적으로 밝혔다. 기업 경영에서『손자병법』이 활용된다는 사실은 더 이상 새롭지 않다.『손자병법』은 국경을 초월한 모든 기업가들의 필독서다.

중국을 비롯한 전 세계 전쟁사에서 칭기즈칸은 부정할 수 없는 거인이다. 그의 사상과『손자병법』은 방법은 다르지만 같은 효과를 내는 묘미가 있다.『손자병법』은 손무(孫武)가 선인들의 전쟁 경험을 토대로 집필한 병법서다. 반면 칭기즈칸의 전략 사상은 순전히 스스로의 실전 경험을 통해 형성된 것이다.

칭기즈칸의 위대함은 재론의 여지가 없다. 독자들이 관심을 가지는 건 그의 군대 관리법과 전략전술이 오늘날 기업 경영에 주는 시사점일 것이다.

우선 일본『산케이신문(産經新聞)』하세카와(長谷川) 기자가 갈란츠(GALANZ)사를 심층취재한 후「갈란츠 가전왕국의 궐기」라는 글을 통해 밝힌 소감을 보자.

800년 전 몽골초원에서 수많은 영웅들이 빠른 속도로 궐기했다. 그들은 전광석화 같은 속도, 회오리바람을 일으키는 말발굽, 철혈 같은 기율, 이리의 흉포함으로 동서를 누비며 눈 깜짝할 사이에 세계를 정복하고 몽골제국을 건립했다. …… 800년 후 2만 리 바깥에 위치한 주장(珠江) 삼각지의 작은 마을에서 새로운 칭기즈칸의 무리가 일어났다. 그들 역시 전광석화와 같은 속도, 선진적 이념, 엄격한 기율과 왕성한 정복욕으로 전 세계를 정복하고 가전 판도를 넓혀가고 있다. 그들은 바로 경쟁자를 잠 못 이루게 하는 '갈란츠'다.

일본 기자는 갈란츠 량자오셴(梁昭賢) 회장이 에어컨 시장을 공략할 때 구사했던 전략이 대우회 전략과 번개 전술을 운용한 칭기즈칸의 전법과 놀랄 정도로 유사하다고 봤다.

대우회 전략은 몽골인의 사냥에서 비롯되었다. 이 전략의 특징은 속도와 흉포함이다. 일단 광활한 전투 공간을 확보한 후 집중 공격, 분할 포위, 신속한 돌격, 원거리 기습, 위장 퇴각, 이동 중 공격 등의 전법을 고루 운용한다. 그리고 전투의 공방 구조를 급변시키면서 적진을 혼란시켜 공격 기회를 포착한다. 칭기즈칸은 죽기 전 금(金)나라와 몽골군이 황허(黃河)를 사이에 두고 대치하고 있을 때 정치·군사·지리 등 여러 상황을 철저하게 분석했다. 그리고 송(宋)나라와 금나라의 원한 관계를 이용해 송나라의 길을 빌어 전략적 대우회를 했고, 송나라 군대와 연합해서 금나라를 섬멸했다. 이것이 대우회 전략의 대표적 사례다.

갈란츠의 에어컨 시장 공략법이 바로 전쟁에서 말하는 대우회 전략이다. 우선 전투를 위한 '넓은 공간'을 확보한 후 전 세계의 시장 상황을 주시했다. 내수시장에서 소위 '일급 브랜드, 이급 브랜드'

를 다투지 않았다. 에어컨 경쟁의 형세를 제대로 파악하고 있었던 갈란츠는 '선(先) 해외 후(後) 내수, 선 OEM 후 독자 브랜드, 선 집중 후 방출'의 노선을 선택했다. 그들은 구미시장에서 고지를 선점하기 위해 까르푸, 월마트 등 주류 채널을 통해 세계시장의 주도권을 확보했다. 그런 다음 다시 총부리를 틀어 내수시장으로 회군했다.

다음은 번개전이었다. 신속하게 고지를 점령하고 공간을 확보해 나간 그들은 끊임없이 신제품을 출시하고 가격을 조정하면서 새로운 채널을 개척하고 네트워크를 구축했다. 속도로 자원을 대신하고 기습 공격으로 힘의 격차를 극복했다. 세 번째, 이동하면서 경쟁자의 약점을 공략했다. 갈란츠는 스탠드형 에어컨을 주력 상품으로 경쟁사의 이윤 근거를 무너뜨리면서 경쟁 구도를 바꿔놓았다. 몇 년 동안의 에어컨 대전으로 경쟁사의 자원은 바닥이 났다. 죽을 놈은 죽고 달아날 놈은 달아났다. 경쟁사가 다른 업종으로 전환할 때 갈란츠는 지속적인 자원 통합을 통해 에어컨 사업에 투자를 확대했다. 이로써 '적(敵)'과 '아(我)'의 역량 대비에 변화가 생겼고, 갈란츠는 전 세계에 분산된 자원을 집중해서 내수시장을 공략했다. 2005년을 '중국 내수시장의 해'로 설정하고 중국시장을 이분화했다. 전 노선에 걸쳐 대결전을 감행하면서 그 어떤 대가도 두려워하지 않고 'Big3'를 향해 돌격했다.

이상이 기업가가 칭기즈칸의 전술을 경영 전쟁에서 활용한 실제 사례다. 물론 칭기즈칸이 기업을 어떻게 경영하라고, 또 경영 전쟁에서 어떻게 승리를 거두라고 직접 알려주지는 않는다. 하지만 현명한 독자는 그의 사상을 자신의 현실에 접목시키는 과정에서 깨달음을 얻는다.

칭기즈칸은 위대한 정복자다. '정복'은 공개적으로 거론하지 못할 어휘가 절대 아니다. 비난을 두려워할 필요가 전혀 없다. 인류 역사에서 위대한 인물 거의 대부분이 정복자였다. 인류의 역사 발전은 정복자에 의해 촉발되었다. 칭기즈칸은 유라시아를 정복하고 동서교역의 대통로에서 국경선을 지우고 경제·문화 교류를 가로막는 장벽을 무너뜨렸다. 그리하여 동서양의 왕래는 빈번해졌고 두 세계 사이에 존재하던 거리는 좁혀졌다. 중국에서 발명한 화약,

지폐, 역참 제도가 서방 세계에 전해졌고 서방 세계의 약품, 직조품, 천문역법 등이 중국으로 유입되었다. 칭기즈칸은 유라시아 각국의 폐쇄적인 상황을 타파하고 동서양 경제 · 문화 교류의 물꼬를 텄다. 그는 절대 무너뜨릴 수 없는 공을 세운 영웅이자 위인이다. 그래서 미국의 『워싱턴포스트』는 칭기즈칸을 지난 천년간 가장 위대한 역사 인물로 선정했다.

오늘날 사회도 정복자를 필요로 한다. 차이점이라면 단지 정복의 수단이 더 이상 병기가 아닌 상품이고 세계를 정복하는 조직은 군대가 아닌 기업이라는 점이다.

군사 천재였던 칭기즈칸은 조직 관리의 천재이기도 했다. 그의 뛰어난 관리 능력이 있었기에 몽골군은 백전백승, 천하무적의 군대가 될 수 있었으며, 소문만으로도 적들의 간담을 서늘하게 했다. 그의 통치 관리 사상은 모두가 실전 경험에서 나온 것이다. 그가 후세에 남긴 교훈은 매우 실용적이나 체계적으로 정리되어 있지는 않았다. 편집 과정에서도 별도로 분류하지 않고 무작위로 하나씩 제시하였으며, 그의 발자취를 오늘날의 현실과 접목하여 상세한

해설을 곁들였다.

  칭기즈칸의 모든 잠언이 금과옥조가 될 수는 없다. 하지만 독자
들이 열 개 중 여덟아홉 개 아니 한두 개의 깨달음이라도 얻는다
면, 심지어 이 한 권의 책 속에서 단 한 가지의 깨달음만 얻는다 해
도 필자는 기쁨과 보람을 느낄 것이다.

쓰마안(司馬安)

차례

련시킨 후에는 비바람도 비상하는 내 날개를 꺾을 수 없었다

누군가 너를 지켜줄 것이라고 기대하지 마라. 또 너를 대신해 정의를 실현해달라고 애원하지 말라. 혼자 힘으로 살아가는 법을 배우면 너는 진정한 몽골인, 절대 말에서 떨어지지 않는 몽골인이 될 것이다

일이 닥치면 항상 신중하고 조심하라!

적의 적은 우리의 친구가 될 수 있다

고난은 사람을 강하게 만들기도 하지만 사납게 만들기도 하며, 사람을 인내하게 만들기도 하지만 잔인하고 무정하게 만들기도 한다

눈보라가 몰아쳐도 약속을 어기지 않고 장대비가 쏟아져도 기한을 지킨다

몸을 다스리고 싶다면 먼저 마음을 수양하고 남을 탓하고 싶다면 먼저 자신을 탓하라

반석 같은 규율을 확립하라

철의 기율 없이 전차는 멀리 달리지 못한다

칭기즈칸이 쿠이텐에서 타이치오드족과 전투를 벌일 때, 적의 화살에 맞아 목숨을 잃을 뻔한 적이 있었다. 전투 도중 타이치오드족의 한 장수가 쏜 화살이 칭기즈칸의 목을 명중시켰고, 말에서 떨어진 칭기즈칸의 목에서 피가 솟구쳤다. 칭기즈칸은 부하의 즉각적인 구조로 겨우 목숨을 건질 수 있었다.

사고가 발생하게 된 주요 원인은 몇몇 장수들이 지휘에 복종하기 않았기 때문이다. 그들은 재물을 약탈하는 데 정신이 팔려 수장을 보호하는 임무를 망각했다. 그 사이 공격의 기회를 되찾은 적의 화살이 칭기즈칸을 명중시킨 것이다.

이어지는 타타르족과의 전투에 앞서 칭기즈칸은 회의를 소집하고 수하 장수들의 의견을 경청했다.

그때 충성심에 불타는 코빌라이가 먼저 발언했다.

"얼마 전 쿠이텐 전투에서 타이치오드를 공격할 때 어떤 장수는 지휘에 따르지 않고 재물을 약탈하느라 정신이 없었습니다. 이렇게 가다가는 군사가 제아무리 많아도 힘을 모으지 못하니 적을 물리칠 수 없습니다. 어떤 교활한 적은 일부러 재물을 흘려놓기도 합니다. 군사들이 놈들의 꾐에 걸려들 수밖에 없습니다."

총명하고 기지가 넘치는 보오르초가 이어서 말했다.

"전투의 목적은 적을 소탕하는 것입니다. 적을 쳐부수고 나면 재물은 손바닥에 침을 뱉듯 쉽게 굴러들어오는데, 왜 따로 약탈해야 합니까? 또 적의 재물을 나누어 가지는 것, 다시 말해 전리품의 분배는 마땅히 논공행상을 해야 할 것입니다. 약탈하는 자가 곧 임자가 된다면 누가 적을 뒤쫓아 가겠습니까?"

그때, 알탄이 큰소리로 반박했다.

"초원의 전쟁은 역대로 모두 그러했소. 상대방한테서 재물을 빼앗아오지 않으면 대체 무엇을 먹으며 무엇을 입으며 또 무엇을 쓴단 말이오? 약탈도 안 된다, 노획도 안 된다 하면 누가 전투에 참가하겠소?"

두 의견이 팽팽하게 맞서고 양쪽 모두가 고집스럽게 양보하지 않자, 결국 칭기즈칸이 마음을 정했다.

"모두들 몸소 전쟁을 겪은 사람들이니 전쟁의 잔혹함에 대해서는 느끼는 바가 아주 많을 것이다. 통일된 지휘 없이 전쟁에서 승리를 거두는 것은 불가능하다. 뱀도 머리가 없으면 나아갈 수 없고 까마귀도 머리가 없으면 날 수 없다. 각자 진퇴를 정하고 뿔뿔이 약탈을 일삼으면 오합지졸이 되어 패배를 면할 수 없을 터! 이번 전투에서 조상대대의 숙적인 타타르족을 철저하게 소탕하고 승리하기 위해 전군 원수의 명의로 약법삼장(約法三章)을 세우겠다. 반드시 준수토록 하라!"

그래서 칭기즈칸은 보오르초에게 다음과 같은 세 개 조항으로 된 군율의 초안을 작성하도록 명령했다.

제1조 적극적이고 용감하게 적을 공격한다. 적을 추적하지 않고 재물만 약탈해서는 안 된다.

제2조 승리 후에도 노획한 재물을 개인이 임의로 점유할 수 없다. 전리품은 대칸이 논공행상을 통해 일괄적으로 분배한다.

제3조 병마(兵馬)의 진퇴는 반드시 원수의 명령과 지휘를 따라야 한다. 복종하지 않는 장수는 사형에 처한다.

칭기즈칸이 약법삼장을 시행하자 알탄 등은 화가 나서 속을 부글부글 끓였다. 특히 승리한 후에도 재물을 약탈할 수 없도록 하자 불만이 이만저만이 아니었다. 하지만 겉으로는 약법삼장에 동의했다.

약법삼장이 내려지자 뒤이은 전투에서는 매우 순조롭게 승리를 거두고, 타타르를 완전 섬멸했다. 그런데 그때 칭기즈칸은 매우 난처한 문제에 직면했다.

전투 전에 정한 3개 조항의 군율을 무시하는 자가 있다는 보고가 계속 들어왔다. 칭기즈칸의 숙부 다리타이, 당형 코차르, 알탄이 군령을 따르지 않고 전장에서 재물을 약탈하자 군사들에게 좋지 않은 영향이 미쳤다. 그들은 자신들의 고귀한 출신을 믿고 교만했다. 그들은 스스로 군율의 제약을 받지 않는다고 여기고 군율을 위반하면서 칭기즈칸도 자신들을 어쩔 수 없으리라고 생각했다. 칭기즈칸은 거듭 고민한 끝에 의도적으로 명령을 위반하는 근친들을 처벌하지 않으면 다른 사람들도 잘못이라는 걸 알면서도 그대로 따라하게 될 것이고, 그렇게 가다가는 피해가 너무 클 것이라고 판단했다. 또한 공공연하게 군령을 위반했는데도 처벌을 받지 않으면 훗날 그들은 공개적으로 자신을 배반하고 대칸을 대수롭지 않게 여길 것이다!

생각이 여기까지 미치자 칭기즈칸은 피가 불끈 솟구쳐 올랐다. 예로부터 명령은 지켜야 하고 법으로 금지된 일은 하지 말아야 하거늘, 지금 그들이 감히 자신에게 도전해오는데 어떻게 물러설 수 있겠는가? 그래서 칭기즈칸은 즉각 코빌라이를 보내 세 사람이 개인적으로 약탈한 재물을 몰수하고 처벌하기로 결정했다. 다른 장수들은 개인적으로 약탈한 재물이 몰수되는 것을 보고 기뻐서 환호했다. 그들은 칭기즈칸이 군율 앞에서는 친소(親疎)를 가리지 않고 위반자를 일률적으로 처벌한다고 생각했다. 이에 칭기즈칸은 크게 고무되어 내심 비할 데 없는 자부심과 희열을 느끼며 거대한 힘이 솟아났다.

그러나 알탄, 코차르, 다리타이 세 사람은 오히려 분을 삭이지 못했다. 그들은 자신의 존엄성이 상처를 입었다고 생각하고, 즉각 반(反) 칭기즈칸파를 조직하고 케레이드족의 옹 칸 휘하로 들어갔다.

하지만 칭기즈칸은 결코 후회하지 않았다. 칭기즈칸의 군대가 군율을 엄격하게 지키고 군령 하에서는 친소를 막론하고 모두가 평등하다는 말을 들은 다른 부족 사람들이 계속해서 그의 수하로 들어왔다. 칭기즈칸은 세 명의 근친을 잃었지만 대신 더 많은 인재와 부하들을 얻었고 그들로부터 진정한 추앙을 받았다.

이 사건은 칭기즈칸의 군대가 날이 다르게 강대해질 무렵에 발생했다. 한창 커가는 기업의 상황도 이와 매우 흡사하다. 기업도 이럴 때 늘 비슷한 문제에 부딪힌다. 회사가 성장하면 창업 당시부터 피땀으로 공로를 세운 일부 '원로급' 인사들이 회사 제도를 거들떠보지 않고 뻔히 알면서도 위반한다. 또 회사가 성장하게 되면 중간 관리자도 자신의 공로가 고위층보다 결코 적지 않다고 생각한다. 심지어 자신들의 공로가 더 크며 자신들이 없으면 회사의 오늘도 절대 없다고 여긴다. 그래서 그들은 고위층의 의견을 겉으로만 따르는 척하면서 속으로는 무시한다. 레노보(Lenovo)그룹이 가장 전형적인 사례다. 1990년대 초 니광난(倪光南)과 류촨즈(柳傳志)의 분열은 알탄 등이 칭기즈칸을 떠나던 상황과 얼마나 흡사한가!

크게는 국가, 작게는 기업에 이르기까지 대다수 조직은 이러한 발전 궤적을 벗어날 수 없다. 회사가 막 걸음마를 시작할 무렵에는 모두들 한마음 한뜻으로 회사를 키워간다. 하지만 회사가 본 궤도에 오르고 한숨 돌릴 무렵 고위 간부들의 분열이 시작된다. 다행히 좋은 방향으로 마무리되면 일부 사람은 떠나고 남은 사람들이 기존 회사를 한 단계 업그레이드시켜, 마침내 업계의 주도권을 잡는다. 하지만 최악의 경우에는 내부의 불화로 회사는 사분오열되고 호시탐탐 기회를 노리고 있던 외부 경쟁자들이 시장을 완전히 잠식하고 만다. 그리하여 회사 기반은 완전히 붕괴되고 화려했던 사업은 하루아침에 물거품이 된다.

사실 이러한 현상은 역사의 발전 법칙도 아니며, 회사가 성장하는 과정에서 피해가지 못하는 덫도 아니다. 다만 인간 본성이 그러하기 때문이다. 앞으로 만년이 더 지난다 해도 인간 본성에는 변하지 않는 일면이 있을 것이다. 질투, 이기심, 자만심, 갈등이 드러난 후의 반목과 질시, '못 먹는 감 찔러나 본다'는 식의 편협한 생각이 사람들의 마음속에서 훼방을 놓고 있다. 이런 인간 본성의 약점을 극복할 수 있는 사람이 있을까?

당연히 있다. 바다가 모든 강물을 받아들이듯 큰 도량으로 관용을 베풀 줄 아는 사람, 이런 사람이 항상 조직의 리더가 된다. 인간 본성의 약점을 극복하지 못하는 사람은 절대 리더가 될 수 없다. 사람들마다 가진 특별한 재능은 리더가 마련한 무대 위에서 찬란한 꽃을 피운다. 하지만 자신의 실적에 자만하게 되면 리더와의 관계는 결렬된다. 한 조직에 둘 또는 둘 이상의 타고난 리더가 있다면 그 조직은 이 단계까지 나아가지도 못한다. 유비가 조조 수하에서 모사를 할 수 없었던 것처럼 각자의 산을 찾아서 우두머리가 되는 수밖에 없다. 이렇게 큰 조직이건 작은 조직이건 거의 모든 조직이 대동소이한 과정을 한 번씩 반복한다.

기업을 경영하는 최고 의사결정자가 이 이치를 미리 깨닫는다면 갈등에 부딪혔을 때 침착하고 여유롭게 대처할 수 있다. 반면 회사의 다른 구성원들이 이 이치를 깨닫고 있다면 자신의 약점을 극복하고 비극을 피해갈 수 있다.

작품을 공연할 때 무대를 만드는 감독의 공로가 큰지 아니면 공연을 하는 배우의 공로가 큰지 정답을 찾기는 어렵다. 하지만 감독이 배우를 지휘하는 법은 있어도 배우가 감독을 지휘하는 법은 절대 없다. 만약 이런 일이 발생하면 공연은 성공할 수 없으며 오래 지속될 수도 없다. 조직 내의 개인은 원로건 신참이건 모두가 늘 감사하는 마음을 가지고 역사 발전의 규율에 순종하면서 끝까지 가는 것이 규율에 역행하는 것보다 좋다. 어차피 당신이 하늘이 내린 리더감이 아니라면…….

넓은 아량을 가져라

전마(戰馬)는 네 마음의 너비만큼 달린다

칭기즈칸이 초원을 통일하고 유라시아를 정복하여 전무후무한 위대한 업적을 이룰 수 있었던 비결은 여러 가지가 있을 것이다. 하지만 그중 가장 중요한 이유는 초원보다 더 넓은 그의 도량이다.

몽골인들은 여인의 순결을 중요하게 생각했다. 그래서 다른 사람이 자신의 아내를 범하는 것을 절대 용납하지 않았다. 만약 다른 사람이 아내를 범했다면 이는 엄청난 수치와 모욕이었다. 또한 다른 사람에게 더럽혀진 아내는 남편으로부터 냉대를 받거나 심지어 버림을 받기도 했다. 칭기즈칸도 청년 시절 아내를 빼앗기는 모욕을 당한 적이 있다.

칭기즈칸이 결혼한 후 얼마 되지 않았을 무렵 메르키드족이 아내 부르테를 납치해갔다. 메르키드인은 부르테를 잡아가서 갖은 능욕을 가했다. 칭기즈칸이 이끄는 병사들이 메르키드족을 격퇴한 후에야 부르테는 남편 곁으로 돌아올 수 있었다. 부르테가 메르키드 인에게서 능욕을 당한 건 그렇다손 치고 하필이면 그 무렵에 임신을 했다. 납치된 시점을 전후로 딱 9개월이 될 무렵에 아들을 낳았다. 칭기즈칸의 아이인지 아니면 원수 메르키드인의 아이인지 알수 없는 일이었다. 아내가 적에게 아홉 달이 넘도록 능욕을 당한 것만으로도 이미 받아들일 수 없는데, 아내가 적의 씨까지 잉태했다면 누가 온전한 마음으로 받아들일 수 있을까? 하지만 칭기즈칸은 해냈다. 그는 극도의 정신적 고통과 혼란을 이겨냈다. 사건의 모든 원인을 자신의 탓으로 돌리고 자신이 머리를 올려준 아내와 그녀가 낳은 아이를 진심으로 받아들였다. 초원을 통일하고 황제가 된 후에도 전혀 망설이지 않고 부르테를 황후로 옹립했다. 부르테가 낳은 불분명한 아들도 자신의 핏줄로 인정하고 중용했다.

감정은 사람이 가장 통제하기 어려운 부분이다. 현실 속에서 대부분의 사람이 이성적으로 자신의 감정을 통제할 수 없다. 특히 개인적인 관계에서 상대방이 지난날에 행한 '불결'과 '불충'을 용인할 수 있는 사람은 극소수다. 일단 상대방이 궤도를 벗어난 적이 있다면 뒷날 아무리 되돌아온다고 해도 가슴에 묻어두고 그림자를 지우지 못한다. 나 자신을 되돌아보고 주변사람들을 둘러보면 세상 어느 누구보다 더 넓은 도량을 가진 칭기즈칸을 존경하지 않을 수 없다.

남다른 도량과 포용력을 가진 자만이 천하의 장수와 인재를 자신의 수하로 만든다. 칭기즈칸은 넓은 가슴으로 모든 사람을 받아들였다. 그는 일생에 걸친 정복전에서 뛰어난 포용력을 보였다. 그는 격식에 구애받지 않고 인재를 등용했으며 그들로부터 간절하게 지혜를 구했다. 그는 사람을 쓸 때 종족과 출신을 불문했으며 계급과 자격, 경력을 따지지 않았다. 심지어 그는 지난날의 적까지도 파격적으로 등용했다. 젤메는 대장장이였고 모칼리는 노예였고 심지어 제베는 활을 쏴서 그를 다치게 한 적군이었다. 이 같은 도량과 포용력이 있었기에 수많은 부족과 장수들이 그의 휘하로 몸을 의탁해왔다. 칭기즈칸은 거란족 출신인 금나라 유신 야율초재(耶律楚材)를 긴 수염을 가진 사람이라는 뜻의 '우르츠사하리'라는 애칭으로 부르면서 그의 간언을 진심으로 받아들였다. 과거의 출신을 묻지 않고 고루 인재를 등용하는 모습을 통해 정치가 칭기즈칸의 넓은 도량을 느낄 수 있다. 리더라면 반드시 이렇게 깊고 넓은 도량을 갖춰야만 한다.

중국 역사상 또 한 명의 명군 당(唐) 태종(太宗)을 보자.

당나라의 명신 위징(魏徵)은 원래 당 고조(高祖) 이연(李淵)이 옹립한 태자 이건성(李建成)이 신임하던 측근이었다. 이건성과 그의 동생 이세민(李世民)이 왕위 쟁탈전을 벌이며 물과 불의 관계가 되자, 위징은 이건성에게 힘을 축적한 다음 이세민을 제거하라고 강력하게 권고했다.

하지만 훗날 '현무문(玄武門)의 변'에서 이건성은 피살되었고, 이세민은 역사상 가장 유명한 당 태종으로 즉위했다. 태종은 위징을 포함한 이건성의 많은 부하들을 추문하지 않고 오히려 능력에 따라 중용했다. 간의대부(諫議大夫)로 임명된 위징은 태종에게 200여 차례에 걸친 진언을 올렸다. 그 과정에서 군신 간에 오해가 생기고 그로 인한 다툼과 충돌이 일어났지만 그들은 회피하지 않았다.

역사가들은 당 태종이 성당(盛唐) 시기 최고 수준의 문치와 무치를 펼칠 수 있었던 배경에 위징처럼 충성스럽지만 결코 고분고분하지 않았던 능력 있는 신하들을 포용할 수 있었던 그의 넓은 도량과 장기적인 안목이 있었기 때문이라고 평가한다. 당 태종과 위징의 관계는 평범한 군신 관계를 뛰어넘어 천년의 세월이 흐른 오늘날까지도 미담으로 회자되고 있다. 그들은 공자(孔子)가 말한 '남들과 화목하게 지내지만 절대 자기의 중심과 원칙을 잃지 않는다(和而不同)'의 도리를 실천했다.

사실 군신 관계뿐만이 아니다. 몸소 모든 관리의 모범이 되어야 하는 재상 역시 관리를 단결시켜 내부를 굳건하게 다지고 외세의 침략에 맞서야 한다. 재상이 이만한 배포도 없이 '내 편이 아니면 생각도 다르다'라는 편견을 가지고 그저 당동벌이(黨同伐異)만 일삼는다면 현명한 재상이 될 수 없다.

전국시대(戰國時代) 조(趙)나라의 문관이었던 인상여(藺相如)가 무관 염파(廉頗)의 도전을 줄곧 참고 양보했던 것은 장군과 재상이 화목을 유지하여 진(秦)나라에게 침략의 기회를 주지 않기 위해서였다. 재상의 도량을 잃지 않는 인상여에 깊이 감화를 받은 염파는 회초리를 짊어지고 인상여의 집으로 찾아가 처벌을 자청했다. 이 '부형청죄(負荊請罪)'의 고사도 시대를 초월한 미담으로 전해지고 있다.

반대로 어떤 사람들은 마음이 너무도 편협하다. 그들은 마음에 들지 않는 일이 생기거나 귀에 거슬리는 말을 들으면 불같이 화를 낸다. 또 자신보다 강한 사람을 보게 되면 베이컨이 '가장 비열하고 타락한 감정'이라고 표현했던 질투심을 일으킨다. 질투는 사업을 망칠 뿐만 아니라 질투하는 자신의 원기와 심신마저 손상시킨다.

『삼국지』에 등장하는 주유(周瑜)가 편협한 마음을 가진 전형적인 인물이다. 그는 어린 나이부터 세상을 뒤엎을 정도의 기개를 가진 뛰어난 인재였으나 속이 좁아서 다른 사람의 재능을 시기했다. 그는 여러 차례 제갈량(諸葛亮)을 공격했으나 결국 소원을 이루지 못하고 화병으로 죽었다. 죽는 그 순간에도 "하늘은 주유를 낳았으면서 왜 또 제갈량을 낳았는가!"라며 원망하고 분노했다. 꼭 그럴 필요까지 있었을까?

주유와 흡사한 또 한 명의 인물이 굴원(屈原)이다.

굴원은 품성이 고고한 사람으로 초나라의 충신이자 위대한 시인이었다. 하지만 그를 위대한 정치가로 부를 수는 없다.

위대한 정치가는 멀리 내다볼 줄 아는 혜안과 시대의 변화를 포착할 줄 아는 기지를 갖추어야 하며, 또 사람을 포용하는 도량과 사람을 다루는 책략과 기교를 갖추어야 한다. 이를 통해 자신이 속한 정치집단의 응집력을 강화해야 한다.

굴원은 바로 그 점이 부족했다. 그는 티 없는 옥과 같은 절개와 품성을 가졌으나 오만하고 감상적이었다. 혼자 있기를 즐기며 세상 사람들을 놀라게 하는 말을 자주 했다. 그는 세상이 온통 혼탁하기 짝이 없고 모든 사람이 술에 취한 것처럼 어지럽다고 한탄했다. 그러면서 오로지 자신만이 청백하고 자신만이 맑은 정신으로 초왕(楚王)에게 변함없는 충성심을 가지고 있다고 역설했다. 그는 끊임없이 하늘을 원망하고 세상을 한탄했다. 그는 이런 독선으로 인해 상하 관계는 물론 인간 관계에서조차 소통과 교류의 바탕을 놓치고 말았다. 그의 정치적 두뇌 속에는 대의를 위해서 작은 차이는 인정하고 넘어가는 의식이 결여되어 있었다. 역사는 결코 그가 생각한 방향으로 발전하지 않는다.

굴원의 비극은 도덕과 정치의 충돌이라는 측면도 있지만 개인의 편협한 마음과 단순한 사유 체계가 사회와 역사의 복잡한 발전 과정과 충돌하면서 야기된 측면이 더 크다고 할 수 있다. 분명 그는 정견 없이 시대의 조류에 휩쓸려 다니지도 않았고 자신의 원칙을 일관되게 지켰다. 하지만 그는 융통성과 신축성이 부족했다. 그는 시대와 역사가 그에게 적응하는 법은 있어도 그가 적응하는 법은 없다는 듯한 태도였다. 이러한 점에서 그의 인식 체계는 합리적이라고 할 수 없으며 그의 인생 또한 완벽하고 이상적인 삶이 아니었다.

『채근담(菜根譚)』의 저자 홍응명(洪應明)은 자연에 대한 깊이 있는 관찰을 통해 '지저분한 땅에는 뭇 생명이 자라나지만 너무 맑은 물에는 고기가 살지 못한다(地之穢者多生物, 水至淸者常無魚)'라는 또 하나의 깨달음을 얻었다. 세상사를 살펴보면 정말 그런 듯하다.

성공하고 싶다면 온갖 더럽고 불결한 것들까지 포용하는 도량이 있어야 한다. 이 말은 고결한 도덕적 지향과 수양까지도 게을리 해서 검은 세력과 결탁하라고 주장하는 것이 결코 아니다. 대지가 더 럽고 불결한 모든 것들을 비료로 전환하여 새 생명을 만들어내듯, 사회의 복잡성을 인식하고 여러 긍정적 부정적 경험 속에서 영양 분을 섭취하여 인생을 완성해야 한다. '사람은 완벽한 사람이 없고 금은 순금이 없는' 사실을 분명하게 인식하고 수긍해야 한다. 사람 을 볼 줄 알면 사람을 포용할 수 있다. 사람을 포용할 줄 알면 사람 을 부릴 수 있다.

역사적으로 길이 이름을 남긴 재상은 극소수였다. 그렇다고 해서 재상이 아닌 사람은 바다와 같은 도량을 키울 필요가 없다는 것이 결코 아니다. 오히려 정반대다. 도량을 키우면 관대한 마음으로 사 람들을 대할 수 있으며 개방적이고 긍정적인 성향을 가질 수 있다.

중국 사람들이 오매불망 추구하는 복록수(福祿壽 : 행복, 녹봉, 장 수)도 인자하고 관대한 사람들의 넉넉한 마음가짐과 여유로운 태 도가 가져온 부산물에 불과하다. 실제로 장수 노인들을 살펴보면, 사람들에게 관대하고 어떠한 환경에서도 잘 적응하고 만족하면서 쉽게 흥분하거나 노하지 않는 특징을 가지고 있다. 넓은 도량과 훌 륭한 자기 수양이 바로 장수의 비결인 것이다.

초원보다 넓고 바다보다 깊은 칭기즈칸의 도량이 있었기에 그의 전마는 유라시아 대륙을 질주할 수 있었다. 보통사람들에게는 '도 량의 크기가 인생의 즐거움을 결정한다'라는 말을 적용시킬 수 있 을 것이다. 더 많은 즐거움을 누리고 싶다면 당신의 도량을 키워 라.

엄격한 처벌이 조직의 기강을 확립한다

우리의 칼과 활이 모든 악의 무리를 응징하고 경고한다

칭기즈칸의 일생은 전기적인 색채로 가득하다. 그는 일생을 정벌 전쟁에서 보냈으며, 그의 공과(功過) 역시 수많은 전쟁에서 비롯되었다. 그는 적과 반역자에게 매우 잔혹하고 무정했다.

1196년, 칭기즈칸은 옹 칸을 따라 조상 대대의 숙적인 타타르족을 향해 출병했다. 당시 같은 키야트족인 주르킨 씨족에게도 함께 조상의 원한을 풀자고 지원을 요청했다.

칭기즈칸은 주르킨 씨족에게 전리품을 전달하기 위해 여동생 테물룬의 남편을 전사 60명과 함께 보냈다. 그런데 전사 10명은 피살되고, 나머지 50명은 옷을 벗기는 수모를 당했다. 테물룬의 남편도 같이 살해당했다. 칭기즈칸은 더 이상 묵과하지 못하고 직접 군대를 이끌고 수르킨을 정벌했다. 주르킨의 수령 사차 베키는 사살되었고, 대장 부리와 모칼리 및 부족민들은 칭기즈칸에게 복속되었다.

칭기즈칸은 금나라 정주(淨州)에서 포로가 된 몽골인 네 명을 사들였다. 그중 토다이라는 이름의 사내가 눈물범벅이 된 얼굴로 말했다.

"대칸, 우리를 구해주셔서 고맙습니다. 차라리 몽골 사람의 노예가 되었으면 되었지 금나라 개들의 우마(牛馬)가 되고 싶지는 않습니다!"

"몽골 용사는 차라리 죽을지언정 사람들이 멋대로 사고파는 축생이 되지는 않는다. 너희들은 몽골인의 얼굴을 땅바닥에 떨어뜨렸다!"

"대칸! 죽으려고도 해봤습니다. 하지만 제 형님이 타타르족과의 전투에서 전사했습니다. 저에게는 아무도 봉양할 사람이 없는 노모가 계십니다."

토다이는 땅에 엎드려 통곡했다. 마음이 뭉클해진 칭기즈칸은 나머지 세 사람에게도 물었다.

"자네들은?"

세 사람은 입을 모아 대답했다.

"살아서 원수를 갚겠습니다!"

얼마 후 토다이가 노모를 모시고 칭기즈칸에게 접견을 간청했다. 토다이 모자는 무릎을 꿇고 머리를 조아렸다.

"칭기즈칸!"

칭기즈칸이 물었다.

"어머니를 찾았느냐?"

"대단사관(大斷事官 : 지방 최고행정관) 나리가 찾아주었습니다."

"존경하는 모친, 가련한 모친, 고생하셨습니다."

노부인은 감동해서 말했다.

"대칸! 우리 모자는 평생을 다 받쳐도 대칸의 은덕에 다 보답하지 못할 것입니다!"

"아니오. 모친의 큰아들이 나를 위해 전사했소. 또 내가 모친의 작은아들을 보호하지 못해서 여진족에게 잡혀 7년이나 노예살이를 하면서 갖은 학대와 치욕을 당했소. 이제 나는 말 위에서 활시위를 당기는 누런 피부의 몽골인이 절대 치욕을 당하지 않게 하겠다고 하늘에 맹세하오. 고함소리로 아이들을 벌벌 떨게 만들고, 칼과 화살로 모든 악의 무리들을 응징하고 경고할 것입니다! 그날이 멀지 않았습니다!"

칭기즈칸은 전통적인 혈족 복수의 관념에 입각해서 몽골의 대외 전쟁을 이끌었다. 적이 완강하게 저항할 경우 성 안에 있는 무고한 사람들까지 몰살하고 도륙하는 잔혹한 방법을 썼다. 반면 자발적으로 귀순하고 투항하는 경우에는 사면하고 보호했다.

그는 끝까지 버티는 사람들은 징벌로써 경고했다. 이것이 바로 '이독공독(以毒攻毒)'으로, 대상 자체에 내재된 모순을 이용해 그 대상을 물리치거나 악랄한 방법으로 악랄한 수단에 대응하는 것을 가리킨다. 참혹한 전투 속에서 원수를 이용해 원수에 대응하고 원수의 방법을 이용해 원수에 대처하고 원수의 손을 빌어 원수를 제압하는 것, 모두가 현실에서 필요로 하는 것들이다. 칭기즈칸의 일생은 악을 이용해 선을 실현하는 '이악달선(以惡達善)'의 가장 훌륭한 본보기였다고 할 수 있다.

중국 역사상 훌륭한 치적을 남긴 모든 황제들에게 '이악제악(以

惡制惡)'은 필수불가결한 수단이었다. 온 천하를 도륙한 진시황(秦始皇)은 말할 필요도 없고 한(漢) 무제(武帝), 측천무후(則天武后), 주원장(朱元璋), 옹정제(雍正帝)의 엄격한 통치 역시 그러했다. 그래서 혹자는 훌륭한 황제는 업적만큼이나 살의(殺意)도 컸다고 결론지었다. 경우에 따라서 사람은 잔인해야만 선량해질 수 있다. 국가를 통치함에 있어서 잔인한 수단은 일종의 필수불가결한 방법으로 '외유내법(外儒內法)'이라는 말로 정의할 수 있다. 정치는 유가(儒家)의 인애를 행하는 한편 법가(法家)의 제왕지술을 운용해서 잔혹하고 악랄한 권모술수를 포함한 '강공(强攻)'을 시도해야 한다.

선과 악은 원래가 확연하게 구분 지을 수 있는 성질의 것이 아니다. 오히려 상호 대체될 수 있는 개념이다. 악은 언제나 선에 이르는 일종의 수단이었다. 살육과 징벌의 목적은 결코 도륙 자체가 아니며 단순하게 어떤 사람을 제거하기 위해서도 아니다. 뒷사람에게 경고해서 모종의 훌륭한 질서를 형성하기 위해서다. 역사적으로 선은 유약한 군주의 모습으로 표현된다. 대표적인 예로 남북조(南北朝) 시기의 남당(南唐) 후주 이욱(李煜)과 명(明)나라 건문제(建文帝) 주윤문(朱允文)이 있다. 전자는 토끼 한 마리가 죽어도 며칠씩 슬픔에 빠져 지냈다. 후자는 모반을 하고 자신의 자리를 빼앗으려 해도 강한 살기를 뿜지 못했다. 이것은 편협한 선이다. 이런 선은 도리어 국가의 비극을 불러오고, 그 자신은 더욱 비참한 결말을 맞이하게 된다. 일찍이 2천여 년 전 한비(韓非)는 이렇게 말했다.

"형을 집행할 때 가벼운 죄에 무거운 벌을 내리면 가벼운 죄도 무거운 죄도 쉽게 범하지 않는다. 이를 '이형거형(以刑去刑)'이라 한다. 죄는 무거운데 벌이 가벼우면 온갖 악행이 생겨난다. 이를 '이형치형(以刑致刑)'이라 한다."

무거운 죄를 저질렀음에도 불구하고 가벼운 판결이 내려지면 사람들은 법을 본척만척 거들떠보지도 않을 것이며, 형법은 존재의 이유를 상실하게 된다. 그러면 여기저기에서 사건사고가 일어나고 이를 방지하기 위해서 형벌을 강화하고 확대할 수밖에 없다. 결국 형벌의 범람은 무거운 죄에 가벼운 판결을 내림으로써 야기된 것이다. 이것이 바로 벌이 벌을 없애는 '이형거형', 벌이 벌을 부르는 '이형치형'의 이치다.

어떤 경우를 막론하고 온갖 나쁜 짓을 일삼는 사람들, 간사하고 음험하여 악을 따르는 무리들은 늘 엄중하게 처벌해야만 악행으로 인한 화를 평정하고 악행을 일으키는 마음까지도 뿌리뽑을 수 있다. 판치는 악 앞에서도 무거운 벌을 내리지 않고 내버려두면 나라가 망하게 된다. 현대 사회의 모든 국가는 각각의 법과 규칙이 있다. 그 목적은 주로 범죄자를 처벌하는 것이지만 죄를 저지를 가능성이 있는 사람들에게 주는 경고의 의미가 더 크다고 할 수 있다. 마음속에 나쁜 생각을 담고 있는 사람들에게 망설임과 두려움을 주기 위함이다. 따라서 제도의 본질은 결코 사람을 구속하는 것이 아니라, 한 조직이 건강하고 질서정연하게 운행될 수 있는 바탕을 만드는 것이다. 이는 칭기즈칸이 도륙을 비밀을 묻어두기 위함이 아닌 경고의 의미에서 활용한 것과 같은 맥락이다.

단결을 통해 얻는 시너지 효과

가느다란 화살 여러 대를 합쳐놓으면 힘센 장사도 쉽게 부러뜨릴 수 없듯,
형제끼리 서로 돕고 힘을 모으면 아무리 강한 적도 물리칠 수 있다

칭기즈칸이 살았던 시대는 몽골 초원이 가장 혼란한 시기였다.
이 지역을 통일할 만한 강력한 정치 세력이 없었던 까닭에 초원은
권력의 진공 상태에 빠졌다. 당시 동남쪽으로는 금나라와 송나라,
서쪽으로는 위구르와 서하(西夏), 더 서쪽으로는 서요(西遼)와 호
레즘이 있었다. 몽골 초원의 수많은 부족이 금나라와 종속 관계를
맺고 있었으며, 복종하다가도 때에 따라서는 반란을 일으키기도
했다. 각 부족끼리도 원한으로 인한 살상이 끊이지 않았으며, 여러
가지 관계가 얽히고설켜 극도로 혼란했다. 이러한 혼란 속에서 사
람들은 어찌할 바를 몰랐다.

이때 칭기즈칸은 물을 만난 고기처럼 여러 가지 조건을 잘 활용
했다. 그는 먼저 지지자를 확보해서 자신의 힘을 키우고 사람들이
자신을 두려워하게 만들면서도 자신과 관계를 맺고자 달려들게 만

드는 방법을 잘 알고 있었다. 칭기즈칸의 이런 능력은 타고난 것이 아니라, 어머니의 훈계와 교육을 바탕으로 스스로 깨닫고 습득한 것이다. 후엘룬은 아들을 위해 수많은 가르침을 주었다. 어렸을 적 칭기즈칸은 물고기 한 마리 때문에 이복형에게 앙심을 품고 있다가 형을 죽였다. 사건이 벌어진 후 후엘룬은 험악한 초원에서 살아남으려면 반드시 다른 사람과 협력해야만 한다고 아들을 타일렀다.

어머니의 영향을 많이 받고 자란 칭기즈칸은 지난날 부친의 도움을 받은 적이 있는 케레이드족의 옹 칸을 찾아가 그를 주인으로 모시겠다고 맹세하고 심지어 아들이라고 자처했다. 그리하여 옹 칸은 그를 돕기로 약속하고, 또 다른 부족의 수령 자모카와 함께 부르테를 구출해냈다. 이 사건이 바로 칭기즈칸이 대업을 이루는 시발점이라고 알려져 있다. 칭기즈칸은 이때 각종 역량을 모으는 것이 얼마나 중요한지 깨달았다.

외부의 힘을 모아 하나의 거대한 역량으로 취합하면 단기간 내에 더 높은 단계로 진입할 수 있다. 또 내부의 역량은 단결했을 때 강력한 응집력이 생겨나 흔들림 없는 불패의 고지에 올라설 수 있다.

1203년 여름, 칭기즈칸은 셍굼의 기습을 피하기 위해 주둔지를 훌룬 호수 서남쪽에 있는 발조나 호수 옆으로 옮겼다. 그 무렵 금나라의 야율아해(耶律阿海) 형제와 위구르의 거상(巨商) 진카이가 칭기즈칸에게 귀순했으며, 얼마 후 카사르 부자도 찾아냈다. 칭기즈칸과 19명의 수령은 발조나 호수의 흙탕물을 함께 마셨다. 이때부터 '흙탕물을 함께 마신' 발조나맹약은 칭기즈칸 세계 정복사의 미담으로 전해지고 있다.

다른 사람의 마음을 한데 모을 수 있는 사람이 바로 유능한 리더다. 모든 리더는 협박이 되었건 권유가 되었건 아니면 이익을 미끼로 한 유혹이 되었건 간에, 추종자를 자신에게 협력하게 만들 줄 알아야 한다. 역사적으로 이와 관련된 유명 정치가, 거물의 예는 수도 없이 많다. 협력의 극단적인 예는 생사로 맺어지는 동맹이다. 생사를 함께 하기로 약속한 동맹 관계를 이용해 성공을 거둔 인물로는 유비(劉備)를 따라올 자가 없다. 유비는 항상 관우(關羽)와 장비(張飛)에게 의지했으며, 나중에는 제갈량에게 의지했다. 관우와 장비는 유비와 피로 맺어진 혈맹(血盟)이었으며, 죽어도 변하지 않는 사맹(死盟)이었다. 유비는 그들이 있었기에 평생 목숨을 건 투쟁을 벌이고 마침내 대세를 장악할 수 있었다.

에디슨이 위대한 발명가가 될 수 있었던 것도 그의 특출난 창의력 때문만은 결코 아니다. 그의 성공은 뛰어난 조직관리 능력 덕택이기도 했다. 그에게는 각각의 장점을 가진 사람들을 공동의 목표를 향해 함께 노력하도록 단결시키는 능력이 있었다.

사람과 사람 간의 협력이 없었다면 오늘날의 인류 문명은 존재하지 못했을 것이다. 미켈란젤로와 같은 위대한 예술가도 그를 도와주는 조수, 수공업자와 고객이 존재해야만 작품을 완성할 수 있다.

단결과 상호협력, 공존공생은 사업 성공의 절대적 비결이다. 한 사람의 역량보다는 협력을 통해 형성된 다수의 역량이 언제나 더 강하기 때문이다.

조직의 역량은 조직화하려는 노력에서 나온다. 산발적 지식은 역량을 발휘할 수 없다. 활용되기를 기다리는 잠재적 역량일 뿐이다. 도서관에는 수많은 인류의 지혜와 문명의 기록이 있다. 하지만 도서관에 있는 지식은 전혀 조직화되지 않은 지식이며, 따라서 아무런 역량도 발휘하지 못한다. 지구상에서 멸종한 동물들의 화석 역시 조직화하지 않으면 생명을 이어나갈 수 없다는 사실을 증명하고 있다. 조직화의 중요성을 이해하고 충분히 활용할 줄 아는 사람은 양질의 이익을 거둘 수 있다.

개인의 역량은 항상 유한하기 마련이다. 사업에서 성공하고 싶다면 여러 유리한 환경과 조건을 활용할 줄 알아야 한다. 이를 통해 자신의 실력을 강화하고 궁극적인 성공을 위한 기반을 마련할 수 있다. 이것이 바로 '여러 사람이 땔감을 모으면 불길이 높아진다'라고 하는 까닭이다. 여러 사람의 역량을 집중해야만 시너지 효과를 형성해 더 큰 위력을 발휘할 수 있다. 인간 관계에서나 업무에서도 협력과 조직의 힘을 잘 활용해서 불가능하다고 여겨졌던 일을 가능하게 만들고 사업을 크고 강하게 키워나가야 한다.

이상과 현실 사이에는 뛰어넘을 수 없는 격차가 존재한다. 이 격차를 극복하기 위해서는 반드시 다른 사람의 지원과 협력이 필요하다. 심리학자인 윌리엄 제임스(William James)는 이렇게 말했다. "다른 사람이 기꺼이 당신과 협력하도록 만들 수 있다면 언제 어디에서 어떤 일을 하든 늘 순조롭게 성공할 것이다."

모든 성공하는 기업의 배후에는 마음을 모아 단결하는 직원들이 있다. 성공의 빛은 얼핏 보면 한 사람만을 비추고 있는 듯하지만 자세히 들여다보면 많은 사람들이 함께 묵묵히 노력한 결과다. 단결을 이해하는 사람, 또 공유를 이해하는 사람은 성공 후에도 혼자서 실적을 독점하지 않고 성공을 이끈 자신의 조직에 그 공을 돌린다. 이 사실을 잘 알지 못하거나 또 알면서도 실천하지 않으면 조직은 곧 사분오열 붕괴되고 말 것이다.

자신감은 성공의 열쇠다

인생 최대의 즐거움은 적을 격퇴하는 일이다

혈족 복수는 원시 공동체 사회 이래 씨족, 부족 사회의 전통적인 관념이다. 씨족이나 부족의 한 구성원이 모욕을 당하거나 공격받고 살해되었을 때, 그와 혈연 관계를 가진 씨족과 부족의 모든 구성원은 원한을 대신 갚아야 할 의무가 있다. 칭기즈칸은 사람들의 뼛속에 사무친 이 오랜 관념의 훌륭한 계승자였다. 그는 정벌 전쟁을 벌일 때마다 부족민들을 동원하여 몸을 사리지 않고 적을 죽이고 복수를 했다.

칭기즈칸의 위업은 아버지의 원한을 갚는 일부터 시작되었다. 1196년, 그는 아버지의 원수에게 복수하기 위해 옹 칸과 금나라의 협조를 얻어 타타르족을 공격했다. 그는 타타르의 수장을 살해하고 대승을 거두었다. 이후 칭기즈칸의 군대는 점차 강력한 힘을 갖춰나갔고, 마침내 광활한 몽골 초원을 통치할 수 있었다.

한번은 칭기즈칸이 장수들에게 물었다.

"사나이의 가장 큰 즐거움이 무엇인지 아는가?"

장수들은 각자의 생각을 밝혔다. 칭기즈칸은 장수들의 다양한 의견을 들으면서 담담한 미소를 짓기도 하고, 눈을 지그시 감고 마음을 가다듬기도 했으며, 말없이 고개를 숙이기도 했다. 마침내 그는 엄숙하게 말했다.

"사람마다 그 나름의 뜻이 있지! 자네들이 말한 즐거움은 다들 일리가 있지만 원대한 포부가 부족하고 너무 단기적인 안목이네."

그는 이어서 말했다.

"나는 사나이에게 즐거움이란 반란자를 진압하고 흉악한 적과 싸워 이기는 것이라고 생각한다. 그들의 씨를 말리고 모든 재산을 몰수해서 그들의 아내를 울부짖고 눈물 흘리게 만드는 것, 그들의 준마를 타고 그들의 아름다운 후비를 잠옷과 베게로 삼으며 후궁들의 장밋빛 볼과 달콤한 입술에 입 맞추는 것, 천하의 만백성에게 영원한 태평성대를 누리게 해주는 것, 이것이 바로 가장 큰 즐거움이다!"

마지막으로 그는 장수들에게 당부했다.

"세상의 땅은 광활하고 강과 하천, 호수와 바다는 너무나도 많다. 너희들은 더 많은 영토를 점령하고 각자의 영역을 최대한 확보해야 한다."

인생의 즐거움에 관한 이 담론은 그의 초기 인생관과 전쟁의 목적을 극명하게 보여주고 있다. 그 핵심 내용은 적을 소탕해서 재산과 여자를 약탈하고 영토를 확장하는 것이다. 칭기즈칸은 이러한 것들을 몽골 군인의 최대 영광으로 여겼다. 그의 기본 인식은 점차 몽골군의 전쟁, 특히 영토 확장 전쟁의 기본 지침이 되었다. 몽골군의 전쟁사가 이를 잘 뒷받침하고 있다.

칭기즈칸은 승리와 쾌락을 묶어서 생각했다. 이는 성공학의 창시자 데일 카네기(Dale Carnegie)보다 장장 700년이다 앞섰다. 카네기는 "대부분의 쾌락은 향유가 아니라 승리다"라고 말했다. 인생의 90% 이상의 쾌락은 승리가 가져다주는 성취감에서 비롯된다.

현대 문명 사회에서 칭기즈칸의 사상을 완전히 받아들일 수는 없다. 하지만 그의 사상적 정화 — 승부 의식은 계승할 수 있다. 성공하는 모든 사람은 극단적인 승부욕을 가진 사람이다. 승부를 담담하게 바라보는 사람은 세상이 놀랄 만한 대사건을 일으키지 못한다.

만약 마음가짐을 습관적 행위, 감각, 사유 방식으로 정의한다면, 이는 당신의 천성과 생각 및 생활에 대한 신념으로 표출될 것이다. 관건은 습관, 사유, 신념의 세 단어다. 성공학의 대부 나폴레옹 힐(Napoleon Hill)은 말했다.

"적극적인 자세는 영혼의 건강을 위한 영양소다. 건강한 영혼을 가지면 부와 성공, 즐거움을 누릴 수 있다. 소극적인 자세는 영혼의 질병과 쓰레기다. 병든 영혼은 부, 성공, 즐거움, 건강을 배척할 뿐만 아니라 심지어 생활에 이미 존재하던 모든 것들을 앗아간다."

적을 공격하고 정복하는 것을 인생의 즐거움으로 삼았기 때문에 칭기즈칸은 초원의 맹주가 될 수 있었고, 몽골 역사의 위대한 영웅이 될 수 있었다. 즐거움을 추구하는 적극적 자세로 인해 칭기즈칸은 끊임없이 세력 범위를 확대해나갈 수 있었고, '말 위에서 천하를 얻은' 제왕이 될 수 있었다.

마음가짐은 자기 자신과 자신의 능력, 자신의 모든 것에 대한 신념의 외부적 표출이다. 당신의 신념은 다가오는 결과와 미래에 대해 가지는 기대치를 결정한다. 적극적인 마음가짐을 가지고 있다면 자신에게 유리한 결과를 기대하는 경향이 있을 것이고, 소극적인 마음가짐이라면 자신에게 불리한 결과를 기대하는 경향이 있을 것이다.

인생에 대한 태도는 승패를 결정짓는 관건이다. 자신감은 당신의 역량을 강화시켜 준다. 자신에 대한 회의와 무력감은 용기와 경쟁력을 떨어뜨릴 것이다. 당신의 인생관과 희망을 잃지 않는 자세는 성공으로 매진하기 위한 투지를 다진다.

원대한 목표 의식을 가져라

풀로 덮인 모든 곳을 나의 영토로 만들 것이다

칭기즈칸의 업적은 변경 초원의 여러 부족을 통일하고 몽골족의 낙후된 환경을 개선하여, 항상 무시당하고 지난날의 역사라고는 없는 부족을 이끌고 세계를 뒤흔들었다는 데 있다. 몽골 역사를 창조한 위인 칭기즈칸은 탁월한 정치 감각을 지닌 책략가이자 군사 천재였다.

칭기즈칸이 광대한 지역을 휩쓸 수 있었던 중요한 이유는 그가 매우 이성적인 지도자였기 때문이다. 그는 전쟁에 임할 때마다 주도면밀한 계획을 세웠으며, 특히 심리전에 능했다. 적의 성 앞에 다다르면 우선 투항을 권고한 후, 항복하면 살려주고 항복하지 않으면 몰살했다. '열 손가락 모두 상처를 입히는 것보다 손가락 하나를 부러뜨리는 것이 낫다'는 것이 그의 생각이었다. 그의 군대는 수렵 생활을 통해 최상의 훈련이 되어 있었다. 임시 주둔지에 머무를 때도 늘 전투 대형을 유지하여 놀랄 만한 전투력을 갖추고 있었다.

말은 전투에 임하는 몽골군에게 가장 믿음직한 수단이다. 칭기즈칸 시대에 몽골 전체를 통틀어 걸어 다니는 사람은 단 한 명도 없었다. 사람마다 말 몇 필씩을 가지고 날마다 바꿔 탈 정도였다. 출정할 때 장수의 경우에는 한 필은 타고 대여섯 필은 뒤따르게 했다. 병졸의 경우도 한 마리는 타고 한두 필은 뒤에 따랐다.

몽골군의 전형적인 전술은 매복과 기습이며 변화와 이동을 자유자재로 했다. 그들은 나무덤불처럼 작은 무리로 나누어 매복하고 있다가 호수처럼 둥글게 포위하고 정을 쪼듯 매섭게 공격했다. 사방팔방에서 등거리를 유지하며 파도처럼 몰려드는 기병대가 하늘과 땅이 울릴 정도로 '후레이'라고 고함치며 전진한다.

또 몽골 군대에는 투석기, 화염방사기, 백 명이 넘는 사람이 동시에 잡아당기는 쇠뇌를 갖춘 세계 최고의 포병대가 있었다. 세계에서 가장 빠른 통신시스템—역참제는 나는 화살처럼 말을 달려 4천리 길을 불과 7일 만에 주파했으며, 칭기즈칸의 참모진에는 다양한 인재와 책략가들이 집결해 있었다.

유목민족의 통솔자 칭기즈칸이 이끈 모든 몰살 작전은 감정적 요인이 크게 작용했다. 몽골 초원의 통일 전쟁이건 잔혹한 서역 정벌이건 직접적인 원인은 언제나 복수였다. 칭기즈칸이 마지막으로 치렀던 서하 정벌전도 복수의 감정이 강하게 작용했다. 유목 문화는 그들에게 전쟁에서 승리해야만 생존할 수 있는 운명의 굴레를 씌웠다. 칭기즈칸은 승리 후 부하 장수들에게 말했다.

"인생의 그 어떠한 쾌락도 적과 원수를 뿌리째 뽑아버리고, 그들의 준마를 빼앗아 타며, 그들의 처첩들을 내 후궁으로 만드는 것보다 짜릿하지는 않다."

욕망은 성공의 필수불가결한 요소다. 성공에 대한 강렬한 욕망이 없다면 정신적 역량의 원천을 상실한 것이나 마찬가지다. 강렬한 욕망은 인간의 역량을 최대한 발휘시킨다. 그 욕망으로 인해 사력을 다하고 마침내 자신의 한계까지 초월한다. 욕망은 행동보다 더 중요하다. 왜냐하면 강렬한 욕망은 행동의 원동력을 제공하기 때문이다.

성공의 첫 번째 조건은 욕망이다. 하지만 단순한 욕망만으로는 부족하다. 반드시 자신의 욕망을 그것이 아니면 죽을 듯한 '절체절명'의 단계로 끌어올려야 한다. 욕망이 가장 강렬한 정도까지 팽창하면 화산이 폭발하듯 당신의 성공을 촉진할 것이다.

승리와 실패의 차이는 사람들이 생각하는 만큼 그렇게 크지 않다. 불과 한 걸음 거리일 뿐이다. 욕망은 인간의 역량을 극한까지 발휘시키며 모든 것을 바치게 하고 모든 장애를 극복하도록 만든다. 또 욕망은 모든 불안과 공포를 잊고 전속력으로 전진하게 한다.

당신의 인생은 결심을 굳히는 그 순간 바뀐다. 당신이 어떤 결정을 내리든 간에 당신의 인생을 결정할 수 있다. 따라서 항상 강렬한 욕망을 키우는 동시에 끊임없는 자아 점검과 자기 암시를 통해 스스로를 일깨워야 한다. '나는 가장 멋진 사람이다. 나는 반드시 성공할 것이다'라고. 당신의 가치관과 행동은 당신의 생각과 어울려 목표를 달성한다. 욕망이 적극적인 행동을 불러오도록 지속적으로 유지하고 키워나가면 성공하는 그 순간까지 쉼 없이 달릴 수 있다.

뛰어난 업적을 남긴 사람들은 공통된 특징을 가지고 있다. 그들은 스스로를 긍정하고 존중한다. 그들은 자신의 생활과 모든 행동에 책임을 진다. 그들은 또 목표의 강제자이기도 하다. 그들은 도전으로 충만한 목표에 집중하며 목표에 대한 책임을 진다.

칭기즈칸의 목표는 몽골을 통일하고 초원의 황제가 되는 것이었다. 올림픽 영웅이건 위대한 예술가건 또는 자수성가한 백만장자건, 그들은 모두 의미 있는 목표에 대한 맹세와 함께 태어난다. 뚜렷하고 긍정적인 핵심 목표는 당신의 행동을 규범화시키고 모든 역량을 집결시켜 준다. 이를 통해 당신은 삶 속에서 부딪히는 어떠한 시련도 다 이기고 극복할 수 있다. 당신의 목표가 거대한 산맥을 오르는 것이라면 작은 언덕 따위는 아무것도 아니다.

칭기즈칸은 성공 초기에 초원의 통치자가 되겠다는 원대한 이상과 목표를 세우고 시련과 좌절 앞에서도 쉼 없이 분투하며 전진했다. 위대한 이상이 위대한 칭기즈칸을 만들어낸 것이다.

미국의 억만장자 헌터는 32세 때 대공황이 찾아와 경영하던 옷가게를 닫아야 했다. 하지만 56세 때는 연평균 수입 10억 달러의 대부호가 되었다. 자신의 성공 비결을 얘기할 때 그는 두 가지를 꼽았다.

첫 번째, 자신이 무엇을 원하는가를 깊이 고민해야 한다. 이것이 출발점이다. 그에 따르면 대다수 사람들이 실패하는 부분이기도

하다. 사람들은 자신이 무엇을 원하는지 전혀 생각하지 않는다. 일단 자신이 원하는 것을 정하고 나면, 두 번째는 그것을 얻기 위해 어떤 대가를 지불할 것인가를 결정해야 한다. 그런 다음 대가를 지불할 방법을 강구한다. 하지만 또 아주 많은 사람들이 첫 번째 일만 하고 나서 평생을 가도 두 번째 일을 해내지 못한다. 그들은 성공을 위해서는 반드시 어떤 대가를 지불해야 한다는 사실을 전혀 인식하지 못하기 때문이다.

인생을 바꾸고 싶다면 강렬한 목표 의식이 있어야 한다. 도전으로 충만한 목표를 가져야만 인생의 방향과 그에 대한 적극적인 기대가 생기고 인생에 의미를 부여할 수 있다. 목표는 당신이 목표를 위해 노력할 수 있는 특별한 무엇을 제공한다. 목표가 없으면 노력도 방향을 잃는다. 자신의 발전을 가늠할 수 있는 결과물이 없기 때문에 성취감도 얻을 수 없다. 순간순간 전진하는 발자취를 확인할 수 있을 때 성취감도 생겨나는 법이다. 당신이 이룬 성과는 자부심과 만족감, 자존심과 자아 숭배가 뒤섞인 아름다운 느낌을 선사한다.

기다림의 미학을 배워라

평소에는 송아지처럼 고분고분하다가도
전시에는 먹이를 향해 돌진하는 굶주린 매처럼
사납고 거칠게 달려들어라

금나라는 모든 몽골족에게 조상대대의 원수였다. 그들은 핍박 정책을 쓰면서 몇 번이나 군대를 동원해 몽골 사람들을 약탈하고 학살했다. 몽골족의 아이들을 노비로 팔아넘기고 타타르족에게 몽골족을 공격하라고 사주하기도 했다. 타타르족은 칭기즈칸의 조상인 암바가이 칸, 우킨 바르칵 등 이름난 수령들을 사로잡아 금나라로 압송하고 그곳에서 잔인하게 살해당하도록 했다. 칭기즈칸도 금나라를 조상대대의 원수로 생각했다. 혈족 복수 관념의 지배 하에서 그는 일찍부터 몽골족들을 동원해 금나라를 공격할 마음을 먹고 있었다.

1206년 몽골을 건국할 때 칭기즈칸은 쿠릴타이(북방 유목민들의 합의제)를 소집하고 금나라 정벌에 관한 일을 상의했다. 당시 칭기즈칸은 금나라를 정벌하기로 논의를 마친 상태였지만, 금나라의 막강한 국력과 군사력을 감안해 즉각적인 군사 행동을 취하지는 않았다. 그는 금나라에 대한 종속 관계를 그대로 유지한 채, 해마다 관례대로 직접 금나라 변경까지 가서 공물을 바쳤다.

그는 금나라로 출정하기 전, 앞뒤 양쪽에서 동시에 적의 공격을 받게 되는 상황을 방지하기 위해 우선 서하를 정복하고 속국으로 만들어야겠다고 판단했다. 그래서 칭기즈칸은 금나라 공격에 앞서 먼저 서하를 공격했다. 1205년, 1207년, 1209년 세 차례나 서하를 공격하고, 1209년 마침내 굴복시켰다. 전쟁에서 승리한 칭기즈칸은 대량의 전리품을 획득했고 서하는 매년 몽골에 조공을 바쳐야 했다. 그 무렵 칭기즈칸은 금나라의 허실을 훤하게 꿰뚫고 있었다. 충분한 준비를 마치고 시기가 무르익은 1211년 가을, 드디어 대거 진공을 감행했다. 그는 단 몇 년 만에 수십만 금나라 군대를 격파하고 대부분의 영토를 점령했다.

『원사(元史)』는 칭기즈칸이 금나라를 공격할 때 채택한 전략을 '깊고 큰 책략(深沈有大略)'이라고 평가했다. 조상의 원수 금나라를 치기 위해 그는 수많은 세월을 기다렸다. 생각에 생각을 거듭하고 계획에 계획을 거듭하면서 수년을 준비했다. '평소에는 송아지처럼 고분고분하다가도 전시에는 먹이를 향해 돌진하는 굶주린 매처럼 전투에 임해야 한다'고 말했던 것처럼. 칭기즈칸은 주변 여건이 충분히 무르익었을 때, 몽골 대군을 통솔하여 맹렬하게 금나라를 공격하고 초토화시켰다.

호레즘과 서하를 공격할 때도 칭기즈칸의 '깊고 큰 책략'이 잘 드러났다. 칭기즈칸은 호레즘과 평화적이고 우호적인 통상 관계를 유지하기 위해 수년간 노력을 기울였다. 하지만 호레즘은 칭기즈칸이 보낸 대상(隊商)을 살해했으며, 그에 대해 정당한 문책과 요구를 하기 위해 파견한 세 명의 사신마저 살해함으로써 칭기즈칸에게 엄청난 모욕을 주었다. 마침내 칭기즈칸은 호레즘을 공격할 충분한 이유와 명분을 획득하게 됐다. 당시 칭기즈칸은 호레즘의 허실을 충분히 꿰뚫고 있었다. 아울러 토마드족의 봉기를 진압하고 서시베리아 숲속에 거주하던 수렵 부족들의 항복을 받아냈으며, 메르키드족 등의 잔당을 숙청하고 서요를 정복했다. 시기와 조건이 충족되자 칭기즈칸은 몽골 대군을 이끌고 천둥과 같은 기세로 호레즘을 무너뜨리고 불과 3년 만에 광대한 호레즘 지역을 장악했다.

1219년 봄, 칭기즈칸은 서하로 사신을 보내 서역 정벌을 위한 군대 지원을 요청했다. 하지만 서하의 대신인 아사감포(阿沙敢布)가 조소하며 말했다.

"병력도 부족한데 어찌 대칸으로 칭할 수 있으리오?"

그는 불손한 어투로 칭기즈칸의 지원 요청을 거절하고 몽골 사신을 쫓아버렸다. 칭기즈칸은 돌아온 사신의 보고를 듣고 노기충천했다. 하지만 곧 그는 냉정을 되찾고 말했다.

"그런 말도 안 되는 소리를 감히 지껄이다니 먼저 그들을 정벌하는 것이 순서다. 하지만 지금 색목인(色目人)의 나라로 출정해야 하니 잠시 보류한다. 서역 전쟁을 승리로 이끈 다음 그들을 정벌한다."

칭기즈칸은 끓어오르는 분노를 참았다. 6년이 흐른 후 드디어 서

역에서 승리를 거두고 돌아왔다. 군대를 정비하고 필요한 준비를 갖춘 몽골 대군은 하늘을 찌를 듯한 기세로 서하를 향해 돌격했다. 그리고 1년 반 만에 서하를 섬멸했다.

칭기즈칸의 '깊고 큰 책략'은 우리가 평소에 즐겨 말하는 인내이기도 하다. 인내에는 두 종류가 있다. 하나는 소극적인 인내이며 다른 하나는 적극적인 인내다. 전자의 인내는 강권 앞에서 울분을 참고 아무런 말도 하지 못하는 인내다. 마음속으로는 천번 만번 원하지 않지만 공포 앞에서 굴복할 수밖에 없다. 후자의 인내는 차원이 다르다. 이 인내는 공포 앞에서 굴복하는 것이 아니라 신념이나 도덕적 이유를 가진 일종의 자기 절제의 자세다. 전자의 인내는 공포의 표현이고 후자의 인내는 의지의 표현이다.

적극적인 인내, 그것은 엄동설한을 이겨내고 눈 속에서 피어난 한 떨기 매화다. 천만번 담금질을 거친 예리한 칼날이다. 상황에 따라 융통성 있게 '굽힐 줄' 아는 자세는 위기 앞에서의 일시적 휴전이다.

적극적인 인내에는 목적이 있다. 어떤 일이나 사람에 대해 인내할 수 있는 것은 목적에 대한 신념이 뒷받침되어 있기 때문이다. 큰일을 위해 작은 일을 참는 것이며 오랫동안 세운 계획을 위해 순간의 고초를 기꺼이 참는 것이다. 공자도 '작은 일을 참지 못하면 큰일을 망친다(小不忍, 則亂大謀)'고 말했다. 큰 인내건 작은 인내건 그 내면에는 언제나 공통점이 있다. 그것은 이른바 '인내의 목적'이다.

칭기즈칸은 금나라, 호레즘, 서하를 공격할 때 치명적인 일격을 가하기 위해 오랜 기간 교류를 유지하면서 상대를 안심시키고 조용히 시기가 무르익기를 기다렸다. 그리고 어느 날, 상대에게 가장 강력한 한 방을 날렸다.

인생에도 인내가 필요하다. 특히 역경에 처했을 때, 주변을 둘러봐도 길이 보이지 않을 때 더더욱 인내가 필요하다. 인내는 우리가 막다른 길목에 섰을 때 버드나무가 우거지고 복사꽃이 만발한 무릉도원(武陵桃源)의 별천지를 보여준다.

큰일을 이룬 모든 사람은 보통사람이 참을 수 없는 것까지도 인내한다. 월왕(越王) 구천(勾踐)은 원한을 갚기 위해 부차(夫差)의 마부가 되는 것도 마다않고 날마다 쓰디 쓴 쓸개를 맛보며 괴로움을 참고 견디다 마침내 천하를 되찾았다.

우리의 목적은 인내가 아니다. 바로 목적을 위해 인내하는 것이다. 인내는 때로는 기다림이며 때로는 관용이며 때로는 극도의 자기 절제다. 소극적인 인내는 우리에게 실망과 좌절을 주지만 적극적인 인내는 강인함을 선사한다.

적극적인 인내 속에서 자신의 의지를 단련하며 더욱 강한 신념을 가질 수 있기를 바란다.

리더가 솔선수범하라

귀족과 장수, 관리들이 법령을 준수하지 않으면
국정은 혼란에 빠진다

타타르족 정벌 전쟁에서 키야트의 옛 귀족 중 일부가 군령을 위반하고 자신들의 맹세를 이행하지 않았다. 칭기즈칸의 당숙 알탄 (코톨라 칸의 아들), 숙부 다리타이와 당형 코차르(네쿤 타이지의 아들)는 적극적으로 전투에 임하지 않고, 오히려 군령을 어기고 재물과 가축을 약탈하느라 바빴다. 전쟁을 마친 후 칭기즈칸은 단호하게 장수 코빌라이 등에게 군령을 집행하도록 명령했다. 알탄, 다리타이, 코차르가 약탈한 재물과 가축은 전부 몰수하여 군에 귀속시키고 공동으로 분배했다. 세 사람은 원한을 품고 칭기즈칸을 배신했다. 그들은 은밀히 옹 칸 쪽으로 기울기 시작했고, 급기야 훗날 칭기즈칸과 옹 칸의 관계가 결렬되는 부분 원인을 제공했다.

전쟁이 끝나고 살아남은 타타르 부족민들은 전부 포로가 되었다. 칭기즈칸은 친족들을 소집하여 비밀회의를 열고 포로가 된 수많은 타타르인들의 처리 방법에 대해 의논했다. 게르 안에서 열린 회의

57

는 '타타르는 지난날 우리 아버지와 조상을 죽인 원수다. 우리는 조상의 원한을 갚아야 한다. 키가 마차바퀴보다 더 큰 타타르 남자는 모두 죽인다. 남은 부녀자와 아이들은 각 가정으로 나눠주고 노비로 삼는다'라고 의결되었다.

회의를 마친 후 벨구테이가 게르 안에서 나오자, 타타르에서 데려온 칭기즈칸의 후궁 예수겐의 아버지 예케 체렌이 물었다.

"무슨 일을 의논하고 있소?"

벨구테이는 대답했다.

"당신네 타타르 남자들은 마차바퀴보다 키가 크면 모두 죽이기로 결정했소."

이 무시무시한 소식을 들은 예케 체렌은 한달음에 달려가 타타르인들에게 이 사실을 알렸다. 타타르인들은 목책을 쌓고 끝까지 저항했다. 목책을 공략할 때 칭기즈칸의 군대도 큰 손실을 입었다. 힘겨운 대치 끝에 드디어 목책을 뚫고 들어가 마차바퀴보다 키가 큰 모든 타타르 남자들을 도륙할 때 타타르인은 서로 이런 말을 전달했다.

"각자 소매에 칼을 한 자루씩 숨기고 있다가 몽골과 키야트 사람과 함께 죽자!"

이로 인해 칭기즈칸의 군대는 또 많은 군사를 잃었다.

타타르족을 섬멸한 후 칭기즈칸은 명령했다.

"우리 친족들이 회의에서 결정한 대사가 벨구테이 때문에 누설되었다. 그리하여 우리 군대는 막대한 손실을 입었다. 오늘 이후 대사를 논할 때 벨구테이는 참석을 불허한다. 회의를 하고 있을 때 벨구테이는 바깥에서 싸움, 절도, 사기 등 안건을 판결하도록 해라. 벨구테이, 다리타이 두 사람은 회의 후 술을 다 마시고 난 다음에 들어올 수 있다."

칭기즈칸이 그들을 회의에 참석하지 못하도록 명령한 것은 기율을 공정하고 엄격하게 집행하기 위해서였다. 만약, 그때 칭기즈칸이 처벌을 내리지 않았다면 같은 일이 계속 반복됐을 것이다. 또 그것이 장기적으로 굳어지면 나라와 군대 전체의 기강이 무너져 흩어진 모래처럼 수시로 취약함을 드러냈을 것이다.

고대에서 오늘날에 이르기까지 어떠한 국가든 강대국이 되려면 반드시 엄격하고 공정한 기율이 뒷받침되어야 한다. 귀족이건 평민이건 법 앞에서 모든 사람은 평등하다. 윗자리에 있는 왕족과 귀족들이 법과 기율을 무시하면, 결국 나라도 망하고 백성도 망하는 결과를 초래하게 된다.

'선한 마음으로 남을 대하는 사람은 그 스스로도 선한 마음을 가질 수 있으며, 선한 마음으로 남을 다스리는 사람은 스스로를 다스릴 수 있다'고 했다.

회사에서 정한 원칙과 제도가 직원들의 공감대를 얻기 위해서는 리더의 의식이 관건이다. 리더가 몸소 실천하는 모습을 보일 때 모든 직원이 준수하는 원칙과 제도가 구축된다. 직원들에게 시간을 엄수하라고 요구하기 위해서는 리더가 먼저 모범이 되어야 한다. 직원들에게 스스로의 행동에 책임을 지라고 요구하고 싶다면 리더 역시 자신의 위치를 명심하고 행동에 책임을 져야만 한다. 솔선수범하는 리더만이 직원들의 자발성을 유도하고, 또 이를 통해 직원들을 좋은 방향으로 이끌 수 있다. 리더 스스로도 하지 못하는 일을 직원들에게 하라고 강요하지 말라. 직원들에게 어떤 점을 고치라고 요구하고 싶다면 먼저 자신부터 나쁜 습관을 버려야 한다.

일본의 어느 경영자는 직원들의 자기 절제력을 키우기 위해 '어항식 관리법'을 고안해냈다. 그는 직원의 눈은 너무나도 투명해서 상사의 일거수일투족이 다 그 속에 투영된다고 생각했다. 상사가 권력을 이용해 사적인 이익을 꾀하면 직원들은 그 사실을 금세 알아차리고 상사를 존경하지 않는다. '어항식 관리'는 회사 곳곳의 투명성을 제고하라고 명확하게 밝히고 있다. 투명성이 높아지면 직원들 모두가 다수의 감독 하에 놓이게 된다. 그렇게 되면 직원들은 자연스럽게 스스로의 행동을 절제할 수 있다.

맥도날드가 심각한 적자 위기에 처한 적이 있었다. 당시 회장은 직접 각 지사와 매장을 방문해 업무를 점검했다. 그는 모든 관리자들이 등받이가 높은 의자에 거만하게 앉아 손짓으로 업무를 지시하는 현장을 목격했다. 그래서 그는 관리자들이 의자에 앉아만 있지 말고 현장에 직접 달려가 문제를 발견하고 개선하라는 의미에서 관리자들이 사용하는 의자 등받이를 모두 잘라버리라고 지시했다. 이 방법은 놀랍게도 회사의 경영 상황을 극적으로 반전시켰다. 관리자와 부하직원은 회사라는 한 배를 타고 동고동락하며 긴급한 상황이 닥쳤을 때 함께 힘을 합쳐 강을 건너야 한다.

리더는 공적인 업무를 위해 사적인 감정을 버려야 한다. 『삼국지』에 나오는 제갈량의 '읍참마속(泣斬馬謖)' 고사는 뚜렷한 공사 구분의 대표적 사례다. 당시 가정(街亭)은 위(魏)·촉(蜀) 양국이 필사적으로 다툰 전략적 요충지였다. 제갈량이 극진하게 아끼던 마속이 가정을 수비하겠다고 나섰다. 하지만 아직 경험이 일천한 마속이 실수할까 우려한 제갈량은 실패할 경우 참형을 받아들이겠다는 마속의 다짐을 받고, 왕평(王平)을 마속의 부장으로 임명했다. 하지만 마속은 군량 수송의 안전을 위해 산기슭에서 도로를 지키라고 한 제갈량의 당부를 잊은 채, 왕평을 비롯한 여러 장수들의 만류에도 불구하고 산꼭대기로 올라갔다. 위군은 촉군을 물샐 틈 없이 포위하고 물과 군량의 공급을 완전히 차단했다. 보급로가 차단되자 촉군은 대혼란이 일어났다. 이 기회를 틈타 위군의 강력한 공세가 시작되었고 촉군은 여지없이 대패했다. 결국 군사도 마속도 도망가고 가정을 잃고 말았다. 제갈량은 중원 진출의 통로가 차단되어 위나라를 공격할 수 있는 절호의 기회를 잃게 되었다. 그리하여 공명의 첫 번째 기산(祁山) 진출은 실패로 끝이 났다. 한중(漢中)으로 돌아온 후 제갈량은 마속에게 가정에서 패한 책임을 엄하게 추문하고 군법대로 처리했다. 그는 사랑하는 마속을 처형장으로 보내고 소맷자락으로 얼굴을 가린 채 마룻바닥에 엎드려 눈물을 흘렸다고 한다. 이 고사는 전쟁에서의 공사 구분이 얼마나 중요한가를 보여주고 있다.

성공하는 리더는 공무를 집행할 때 사적인 감정은 철저하게 배제하고 물그릇을 반듯하게 들듯 공정해야만 한다. 이것이야말로 자신의 권위를 세우는 동시에 효율적으로 부하의 복종을 이끌어낼 수 있는 길이다. 리더가 공사를 구분하지 못하면 부하직원도 똑같은 생각에 젖어들고, 그 상황이 오래 지속되면 회사는 일대 혼란에 빠진다. 뿐만 아니라 다른 직원들에게도 영향을 미쳐 상사를 불신임하게 되고 반항심을 키우게 될 것이다. 따라서 리더는 부하직원을 관리할 때 엄격한 신상필벌을 행하고 어떠한 사적인 감정도 개입시켜서는 안 된다.

이익은 추구하고 위험은 피해가는 것이 인지상정이다. 전국시대 법가(法家)의 대표적 인물인 상앙(商鞅)은 『상군서(商君書)』「착법(錯法)」편에서 이렇게 말했다.

사람은 벼슬과 봉록을 좋아하고 형벌을 싫어하기 마련이다. 군왕은 두 가지를 바로 세워 백성의 뜻을 다스려야 한다. 백성이 힘을 다하면 벼슬을 내리고 공을 행하면 상을 내려야 한다.

쉽게 말해 사람들은 상을 좋아하고 벌을 두려워하는 본성이 있기 때문에 상벌을 분명히 하면 사기를 진작시켜 백전백승하는 군사를 얻을 수 있다는 뜻이다. 한비(韓非) 역시 이렇게 말했다.

천하를 다스리는 자는 반드시 사람의 마음을 기초로 삼아야 한다. 사람 마음에는 좋아하는 것과 싫어하는 것이 있기 때문에 상벌을 사용할 수 있다.

수천 년 중국 역사에서 위대한 업적을 남긴 사상가나 정치가들은 모두 이 뜻을 훤히 꿰뚫고 있는 고수였다.

적절한 평가와 보상을 실시하라

적과 싸울 때 재물을 탐하지 말라.
전리품은 승리한 후에 공동으로 분배한다

1202년 가을, 칭기즈칸은 숙적 타타르족을 대대적으로 공격했다. 그는 전투에 병력을 집중하기 위해 임의적인 약탈을 금지하라는 군령을 내렸다.

"적과 싸울 때 재물을 탐하지 말라. 승리한 후 우리 것이 된 재물은 공동으로 분배한다. 적에게 패할 경우 처음 공격을 시작했던 진영으로 퇴각한 후 반격한다. 퇴각 후 반격하지 않는 자는 참수한다!"

모든 군사가 군령을 준수하여 타타르족을 대파했다. 타타르의 수령 잘린 보카는 음독자살했고, 또 다른 수령인 예케 체렌은 남은 부족민과 두 딸을 데리고 투항했다.

칭기즈칸은 지난날 부족 내 각 지파의 귀족들과 연합하여 약탈전을 치르던 시절에, 멋대로 재물을 약탈하고 군마를 지휘해서 진퇴를 결정하던 폐단을 막기 위해 이러한 군령을 반포했다.

칭기즈칸의 군령은 여러 가지 중요한 의의를 가지고 있다. 군령은 전리품의 처리 방식 및 전쟁 시 최고 지휘권의 귀속과 칸을 군의 최고 원수이자 전리품의 분배자로 규정했다. 그리하여 군대는 칸의 일률적인 지휘 통솔 하에 놓였다. 몽골 군대는 칭기즈칸의 엄격하고 공정한 군령을 통해 일치단결된 행동을 보였으며 난공불락의 군대가 되었다.

또 군령은 각 지파 귀족의 권력을 제한했다. 각 지파 귀족들은 진퇴를 임의로 결정할 수 없었으며, 독자적인 행동도 불가능했다. 칸의 통일된 지휘에 절대 복종해야 했다. 칸은 위반자에 대해 참수형을 포함한 엄격한 처벌을 내릴 수 있었다. 이러한 규정을 통해 왕권과 지휘 통솔권을 강화했다.

칭기즈칸은 군령을 제정하는 것 외에 각종 제도를 확립했다. 이는 몽골 역사는 물론 중국 역사의 대사건으로, 몽골족의 발전에 지대한 영향을 미쳤다. 정치와 경제 분야에서의 일련의 조치를 계기로 여기저기 흩어져 있던 몽골 초원 부족의 통일이 더욱 공고해졌다.

칭기즈칸은 전장에서 사적인 재물 약탈은 절대 용납하지 않았지만, 공이 있는 사람에게는 그가 누구든지 공평하게 상을 내렸다. 그는 상을 내릴 때 상을 받는 사람의 공로를 한껏 찬양하고 인정했다. 칭기즈칸은 동고동락하면서 힘을 모아 몽골제국 건설에 이바지한 누케르(몽골어로 친구, 친위대의 뜻)들에게도 논공행상을 실시했다. 『몽골비사』는 칭기즈칸이 몇몇 천호장(千戶長)의 공로를 열거하면서 상을 내린 내용을 상세히 기록하고 있다.

현대 사회에서 공동의 노력과 이익은 어떠한 조직에서든 대단히 중요하다. 공동체 의식이 없는 조직은 전투력 역시 빈약하다. 각각의 조직 구성원은 조직 전체의 목표를 분명하게 파악한 다음 조직의 목표를 향해 혼신의 힘을 다해 매진해야 한다. 이는 개별 구성원이 조직 전체의 이익을 위해 자신의 이익 중 어느 한 부분을 희생해야 한다는 의미다. 그렇게 할 수 있을 때 일치단결이 가능하고 순조롭게 목표를 달성할 수 있다.

최근 많은 기업들이 '참여관리제'를 실시하고 있다. 효율적인 업무 진행을 원하는 관리자는 구성원들의 참여를 촉발한다. 그들은 참여관리제가 참여를 통해 존중 받는 느낌을 갖는 인간의 심리를 충족시킬 수 있다고 확신한다. 오늘 조직을 위해 노력하면 내일 조직이 노력에 대한 공로를 인정하고, 그에 따른 보상을 해준다는 사실을 모든 조직 구성원들이 인식하도록 해야 한다. 성공한 조직의 구성원들에게는 주체할 수 없는 참여의 열정이 뿜어져 나온다. 그들은 적극적이고 자발적이다. 적극성과 자발성 뒤에 숨은 강력한 힘은 바로 조직에 대한 신뢰다.

조직의 성공은 리더 개인의 지혜와 능력에만 달린 것이 아니다. 성공의 관건은 리더 주변의 추종자들이며 그들의 끊임없는 노력이다. 혼자서만 고군분투하던 개인 영웅주의는 더 이상 현대 사회의 수요에 부응할 수 없다. 리더는 더 이상 스타가 아니다. 높은 지위와 권력이 있고, 조직 전체를 통솔하는 대권이 있다고 해도 손발이 맞고 지혜와 용기를 겸비한 추종자가 없다면 큰일을 이룰 수 없다. 어떠한 조직, 그것이 군대건 축구팀이건 오케스트라건 위원회건 또는 회사 내의 부서이건, 오늘날에는 단순히 능력만 뛰어난 리더보다는 조직의 발전을 위해 헌신할 수 있는 진정한 리더가 필요하다.

이제 우리는 팀으로 뭉쳐야 사는 시대, 일한 만큼 보상받는 시대로 새로이 진입했다. 누가 아무 소득도 없는 일에 노력을 할 것이며 온 열정을 쏟아 붓겠는가?

어떤 경우에도 구성원 개인에 대한 적절한 평가와 보상이 필요하다는 점에 특히 주의해야 한다. 팀 공동의 성과라는 이유로 개인에 대한 평가를 소홀히 해서는 안 된다. 팀 내에서 일하는 구성원들이 올린 실적이야말로 팀의 성공을 가능하게 만든 핵심이기 때문이다. 그들의 실적은 조직과 관리자의 인정을 필요로 한다. 개인의 실적을 인정하고 보상함으로써 개인의 적극성과 최대한의 노력을 이끌어낼 수 있다.

팀 구성원의 능력을 기준으로 보상을 하면 구성원의 사회적 정체성이 강화된다. 팀과 팀 사이 또는 팀과 조직 사이의 관계 또한 강화될 것이다. 개별 보상제도는 필수불가결하다. 하지만 이것만으로는 부족하다. 가장 효율적인 것은 개별적 또 집단적 두 측면에서 진행되는 보상과 격려시스템이다.

만족은 어떤 행위의 결과물이며 일정한 기대와 수요를 실현 가능하게 해준다. 기업의 리더는 물질적 보상을 통해 만족감을 줘야 한다. 하지만 보너스나 상품 같은 실질적인 보상은 물질적인 수요만을 만족시킨다는 사실을 깨달아야 한다. 오늘날 경영심리학에서는 정신적 수요를 만족시켜주는 것이 물질적인 수요를 만족시켜주는 것보다 더 장기적인 에너지를 만들어낸다고 본다. 사람의 수요는 본질적으로 정신적 수요이며 정서적 수요다. 수입이 일정 수준에 도달하면 물질적 보상을 통한 격려 효과는 점차 감소된다. 하지만 성취감, 책임감 등 정신적 수요는 충족될수록 더 큰 열정을 촉발한다. 물질은 정에 이끌리고 정은 물질에 이끌린다. 리더는 경제적인 실리를 주는 동시에 관심과 격려를 통해 정신적인 만족감을 줘야 한다.

물질적 보상은 비난이나 질책보다 효율적으로 직원의 적극성을 유발할 수 있는 긍정적인 격려 수단이다. 기업은 물질적 이익을 통해 직원의 적극적인 행동을 불러오고 직원들이 책임감과 자부심을 가지고 자발적으로 기업을 위해 노력하도록 만들어야 한다. 물질적 이익은 기업의 인력 자원 개발에서 가장 큰 역할을 한다.

한편, 보상을 하는 동시에 불공정한 평가가 이루어지지 않도록 주의해야 한다. 너무 높은 평가 혹은 너무 낮은 평가 모두 부하직원의 적극성에 타격을 입히고 상사에 대한 신뢰도 또한 떨어뜨린다. 상사는 반드시 신뢰와 명예를 지켜야 한다. 그렇지 않으면 부하직원들은 상사의 평가를 하찮게 여기게 되어 상사의 영향력도 그에 비례해서 감소된다.

인내는 위기를 기회로 바꿔준다

환한 대낮에는 이리처럼 속이 깊고 치밀한 마음을,
깜깜한 밤에는 까마귀처럼 강한 인내심을 가져라!

칭기즈칸이 아홉 살이 되던 해, 아버지가 타타르인에게 독살되었
다. 아버지의 부하들은 부족민과 가축들을 강제로 빼앗고 떠나갔
다. 칭기즈칸 일가는 하루아침에 풀뿌리로 배고픔을 달래는 처지
로 전락했다. 열악한 생존 환경은 어린 칭기즈칸의 마음에 깊은 상
처를 남겼지만, 동시에 용감하고 강인한 성격을 길러주었다.

칭기즈칸의 어머니는 늘 아들에게 선조들의 명예와 부친이 생전
에 누렸던 부와 권세를 상기시켰다. 그리고 어른이 되면 반드시 집
안을 다시 일으키고 원한을 갚아야 한다고 북돋웠다. 칭기즈칸은
건강하고 잘생긴 소년으로 성장한 후 세 번의 고비가 찾아왔다.

첫 번째는 칭기즈칸의 가족을 버려두고 떠났던 타이치오드족이
었다. 칭기즈칸이 커서 복수할까봐 전전긍긍하던 그들은 칭기즈칸

의 집을 급습하여 칭기즈칸을 잡아 죽이려고 했다. 하지만 다행히도 마음씨 좋은 노인의 도움 덕분에 칭기즈칸은 도망쳐 나올 수 있었다.

두 번째는 눈보라가 몰아치던 어느 날 밤, 도적 떼가 그나마 남아있던 말 네 필을 훔쳐갔다. 도적과 싸우던 중 도적이 쏜 화살에 칭기즈칸은 목을 맞았다. 위기의 순간에 보르초라는 청년이 나타나 함께 도적을 몰아내고 말을 되찾았다. 칭기즈칸은 운 좋게 큰 화를 피할 수 있었다.

세 번째는 메르키드족의 수령 톡토아가 자기 동생의 약혼녀 후엘룬을 빼앗아간 칭기즈칸의 아버지에게 복수하기 위해 칭기즈칸의 게르를 습격했다. 혼전 중에 칭기즈칸은 보르칸 성산으로 피신했다. 하지만 그의 아내가 톡토아의 포로로 잡혀갔다.

그러나 세 번의 위기는 칭기즈칸을 무너뜨리지 못했고 오히려 복수심만 자극했다. 그는 잃어버린 모든 것을 되찾아오겠다고 맹세했다. 칭기즈칸은 복수와 재기를 위해서는 무엇보다 힘이 필요하다는 사실을 너무나도 잘 알고 있었다. 그래서 그는 아내가 결혼할 때 가져온 예물 중에서 가장 값비싼 흑담비 가죽 외투를 당시 초원에서 힘이 가장 막강했던 케레이드족의 옹 칸에게 바쳤다. 옹 칸의 세력을 이용해 칭기즈칸은 뿔뿔이 흩어진 부족민을 집결했다. 그리고 옹 칸과 어린 시절의 '안다(의형제)' 자모카의 도움을 얻어 메르키드족을 공격하고 아내를 구출해냈다.

메르키드를 격파한 후 칭기즈칸의 명성이 사방에 울려 퍼졌다. 사람들은 주군의 품성을 갖춘 칭기즈칸의 빼어난 인품에 반해 하나둘 모여들기 시작했다. 원대한 포부를 품은 칭기즈칸은 인심의 향배가 얼마나 중요한지 잘 알고 있었기에 인심을 달래는 데 특히 많은 공을 들였다. 사냥을 할 때 그는 항상 짐승들을 다른 사람의 사냥터로 몰아갔으며, 또 사냥물을 먼저 나서서 이웃 부락 사람들에게 나눠줬다. 전쟁에서 승리한 후에는 언제나 참여자들에게 포로와 전리품의 일부를 배분했다. 하층민과 노예도 공을 세우면 가신의 대열에 오를 수 있었다. 전쟁에서 패한 부족의 잔존 부족민들도 단순한 도륙으로 해결하지 않았다.

이렇게 하자 칭기즈칸의 관대함과 후덕한 인품이 점차 알려졌다. 정치를 잘 하는 사람, 전쟁을 잘 하는 사람, 호위를 잘 하는 사람, 말을 잘 기르는 사람, 마차를 잘 관리하는 사람, 음식을 잘 하는 사람 등 나름의 재주를 가진 인재들이 앞다투어 칭기즈칸의 휘하로 모여들었다. 당시 칭기즈칸의 영향력과 실력은 이미 그의 부친을 넘어섰다.

흑림(黑林)에서 잔치를 열 때 칭기즈칸은 먼저 나서서 알탄, 코차르, 다리타이, 자모카 등에게 축배를 권했다. 흥분한 옹 칸은 즉석에서 칭기즈칸과 흑림연맹을 맺고 부자의 의를 거듭 확인했다. 칭기즈칸이 사돈을 맺자고 제안하자 옹 칸의 아들 셍굼은 조치를 아비 없는 사생아라고 무시하면서 혼사를 거절했다. 자모카 등은 일단 코차르를 칭기즈칸의 영지로 보내 둘째 아들 차아다이에게 조치의 출생 비밀을 폭로하여 형제들 간에 한바탕 충돌이 일어나게 만들었다. 또 셍굼은 칭기즈칸을 제거하기 위해 이간질을 했다. 삼촌인 다리타이는 칭기즈칸에 대한 친족의 정으로 칭기즈칸의 부족민을 빼앗아 칭기즈칸에게 경고하자고 권유했다. 셍굼과 자모카 등이 계속해서 부추기자 옹 칸은 신의를 저버리고 칭기즈칸을 기습했다. 옹 칸의 군대와 칭기즈칸의 군대는 칼라칼지드 사막에서 전투를 벌였고, 칭기즈칸의 손실은 참담했다. 군대는 뿔뿔이 흩어졌고 동생 카사르의 아내가 포로가 되었으며 카사르의 행방도 묘연해졌다. 여동생 테물룬은 코차르의 화살에 맞아 죽었고, 셋째 아들 우구데이는 중상을 입었다. 수만 명이었던 군대가 불과 4,600명으로 줄어들자, 칭기즈칸은 일단 동부 초원으로 퇴각한 후 코르치와 벨구테이를 옹 칸에게 보내 강화를 요청했다. 두 사람을 사신으로 보낸 것은 일종의 심리전이었다. 이로 인해 옹 칸의 진영은 혼란에 빠졌고, 칭기즈칸은 주도권을 잡고 군대를 정비해 새로운 전쟁에 대비할 시간을 벌었다.

인내는 사람들에게 성공을 가져다준다. 세일즈맨은 제품을 판매할 때 상대가 아무리 거만하고 무례해도 절대 화를 내며 돌아서지 말아야 한다. 이것이 바로 성공의 비결이다. 다른 사람이 모두 걸음을 멈춰 섰을 때 꾸준히 앞으로 나아가고, 다른 사람들 모두 실망하고 포기했을 때 계속해서 도전해야 한다. 여기에는 상당한 용기가 필요하다. 남들보다 더 높은 성공 확률을 보장해주는 것은 바로 이런 꾸준함과 인내력이며, 감정의 변화를 쉽게 드러내지 않는 능력이다.

대규모의 사업을 경영하고 많은 고객을 확보하고 많은 제품을 판매하는 사람은 좌절하지 않고 늘 인내하면서 어려울 때도 절대 'No'라는 말을 하지 않는 사람이다. 그는 인내의 정신과 겸손하고 온화한 예의를 갖춰 사람들로 하여금 절대 거부하지 못하도록 만드는 사람이다.

조그만 자극도 참지 못하는 사람은 큰일을 할 수 없다. 기분 좋은 일, 좋아하는 일을 하면서 재미있어하기란 아주 쉽다. 하지만 나에게 어울리지 않는 일, 하고 싶지 않은 일, 내 마음에서 반발이 생기는 일이지만 해야 할 의무가 있는 일, 하지 않으면 안 되는 일들을 여러 해 동안 반복하기 위해서는 매일 아침 굳고 강한 마음을 다져야 하며 더 큰 열정과 용기와 인내심이 필요하다.

특히 리더가 되기 위해서는 초인적인 인내력이 필요하다. 일단 당신이 관리자로 승진하면 직위의 변동과 더불어 새로운 책임과 함께 새로운 문제가 생기기 마련이다. 상사에게는 직원들을 이끌어야 할 책임이 있다. 상사의 권위를 유지하려면 고독이 주는 아픔을 견뎌야 한다. 항상 자제하고 절제하는 능력을 갖춰야만 외롭고 고독한 순간에도 마음을 다스릴 수 있으며, 눈앞에 벌어진 상황을 냉정하게 분석하고 정확한 의사결정을 내릴 수 있다. 초인적인 인내력을 갖춰야만 마음속의 고독감을 극복하고 사업을 더욱 훌륭하게 이끌어나갈 수 있다.

남들로부터 의지력과 결단력, 인내력이 있다는 찬사를 듣게 될 때 당신은 더 이상 자신의 자리를 걱정하지 않아도 된다. 하지만 의지가 약하고 인내하지 못하는 태도를 보이면 사람들은 당신을 무시하게 될 것이다. 그 어떠한 장애와 난관에도 아랑곳하지 않고 끊임없이 분투하는 용기와 백절불굴의 인내력 없이는 절대 큰일을 할 수 없다. 나약하고 인내력이 없는 사람은 다른 사람으로부터 신뢰와 존경을 받을 수 없다. 적극성과 강한 의지를 가진 사람만이 신뢰를 받을 수 있다. 사람들의 신뢰가 없다면 사업의 성공도 기대할 수 없다.

의지가 강한 사람은 사회에 어떠한 변화가 생기건 간에 늘 자신의 자리를 지킨다. 강한 의지와 명석한 두뇌는 신뢰감을 준다. 상황을 불문하고 언제나 변함없는 의지력과 인내력을 보일 수 있다면 당신은 이미 성공의 가능성을 가지고 있다. 그래서 어떤 측면에서 보면 인내는 일종의 리더십의 구현이라고도 할 수 있다.

실패와 위기를 겪을 때 그 결과가 얼마나 심각하든 조직의 리더는 언제나 현실을 직시해야 한다. 위기와 실패는 인간 심리에 가장 강력한 충격을 준다. 위기와 실패 앞에서 리더에게 닥친 첫 번째 시련은 심리적 충격을 감당하는 능력을 검증받는 것이다. 만약 심리적 상처의 수렁에서 스스로 일어서지 못하면, 실패의 수렁 속으로 더욱 깊이 빠져들어 결국에는 괴멸의 길로 접어들게 될 것이다. 따라서 실패로 인한 심리적 압박을 항상 경계해야 하며, 정확한 판단과 건강한 마음자세를 가져야 한다. 위기 앞에서 가장 중요한 것은 침착과 냉정을 유지하는 것이며 상황의 변화에도 놀라지 않는 것이다. 중국 고대 병법서 『위요자(尉繚子)』에는 "장수가 침착하면 군대가 질서정연하고 장수가 조급하면 군대에 혼란이 생긴다(安靜則治, 暴疾則亂)"고 했다. 심리적으로 먼저 당황하게 되면 행동은 필연적으로 엉망이 된다. 냉정과 침착만이 위험을 제거하고 위기를 기회로 만든다.

사람은 위급할 때 두려움과 긴장으로 어찌할 바를 모르고 갈팡질

팡 행동하게 된다. 하지만 일단 냉정을 되찾으면 지혜가 살아나서 위기를 모면할 방법을 찾게 될 것이다. 따라서 큰일을 하고 싶다면 위기 속에서도 상황을 분명하게 인식하고 해결 방법을 찾는 심리적 자질을 강화해야 할 것이다.

직원들의 마음을 헤아려라

배고픔과 목마름이 무엇인가를 알고
다른 사람의 상황을 미루어 짐작할 줄 아는 사람,
행군할 때 군사를 굶주리게 하지 않고
가축을 마르게 하지 않는 사람만이 훌륭한 장수다

칭기즈칸에게 1189년은 일대 전환점이었다. 그해 그는 몇 개 부족 연합의 칸으로 추대되었다. 하지만 그는 여기에 안주하지 않았다. 그는 귀족들의 통제에서 벗어나 자신의 권력을 확대하고 다른 부족들의 침입을 막기 위해서는 강력한 군대를 육성해야 한다는 점을 자각했다. 그래서 그는 자신에게 충성할 친위대를 조직했다. 칭기즈칸은 수십만 부족민을 거느리게 되었을 때 이렇게 약속했다.

"나는 일단 칸이 되어 군대를 통솔하게 되면 반드시 내 부하를 보살필 것이다. 말과 가축들, 방목지, 여자, 아이들을 빼앗아 너희들에게 나눠줄 것이다."

그가 칸에 오른 지 얼마 지나지 않았을 무렵부터 의형제인 자모카가 그를 시기하기 시작했다. 1195년, 자모카는 칭기즈칸이 자신의 동생을 죽였다는 것을 빌미로 13개 부락에서 3만여 명을 규합해 칭기즈칸을 공격했다. 칭기즈칸도 부락민 3만 명을 동원해서 대항했다.

첫 번째 전투에서 칭기즈칸은 오난강 제레네협곡까지 밀려났다. 하지만 자모카가 자신의 수중에 들어온 포로를 몰살하고 심지어 큰 가마솥에 사람을 삶아먹자 인심을 잃고 말았다. 게다가 자신의 부족민조차도 가혹하고 포악하게 다루며 마차와 음식을 함부로 빼앗았다. 그러자 뭉릭과 주르체데이 등이 군대를 이끌고 칭기즈칸에게 투항했다.

전장에서의 용맹은 일시적인 승패를 결정하지만 정치적·도의적 승리가 미치는 영향력은 이보다 더 크다. 사람들을 다 잃어버리고 고립무원에 빠진 자모카와 사람들을 얻고 그들의 희망이 된 칭기즈칸은 선명한 대조를 이룬다. 자모카는 전장에서 적을 가마솥에 삶아먹었다. 차마 눈뜨고는 볼 수 없는 잔인한 장면 앞에서 그의 부하조차도 괴로워하며 자신의 운명을 걱정하기에까지 이르렀다. 반면 관대하고 인자한 칭기즈칸은 사람들의 마음을 얻었다. 스스로의 운명을 걱정하던 자모카의 부하들이 하나둘 칭기즈칸에게로 기울었다. 칭기즈칸의 부족민은 기하급수적으로 늘어났다.

칭기즈칸은 부하를 사랑과 관심으로 보살폈으며 장수들에게 부하의 배고픔과 질병에 주의를 기울이라고 명령했다. 그는 일찍이 말했다.

"이수테이 같은 용사는 더 이상 존재하지 않는다. 아무도 그처럼 뛰어난 재주를 가지고 있지 못하다. 하지만 그는 원정의 괴로움을 모르고 배고픔과 목마름을 모른다. 그와 함께 하는 누케르와 전사들을 비롯한 모든 사람들도 자신처럼 원정의 고생과 피곤함을 이겨낼 수 있으리라고 생각한다. 하지만 그들은 그렇지 못하다. 따라서 그는 수장이 되기에는 부적합하다. 스스로 배고픔과 목마름을 알고 말라가는 가축을 살필 줄 아는 사람만이 진정한 수장이 될 수 있다."

칭기즈칸은 전투를 마친 후에 항상 초원에서 사냥과 오락을 즐기며 군대와 말을 쉬게 했다.

칭기즈칸은 언제나 부하들과 동고동락했다. 그는 부하들을 이끌고 함께 전쟁 준비를 했으며 전투에서는 늘 앞장서서 돌격했다. 그래서 여러 차례 부상을 당하기도 했다. 그는 또 단출하고 소박한 생활을 했다. 음식과 의복은 부하들과 같거나 비슷했다. 전쟁에서 승리했을 때는 부하들과 승리의 열매를 함께 나눴다. 칭기즈칸은 부하들을 관용과 사랑으로 보살폈으며 그들의 의견과 이익을 존중했다. 그래서 그들은 일치단결하여 적들을 물리치고 승리를 거머쥘 수 있었다.

부하에 대한 사랑과 존중, 단결은 칭기즈칸이 오랫동안 지켜온 신념이었으며, 전쟁에서 승리하고 각 부족과 나라를 정복하는 대업을 이룰 수 있었던 근본이었다.

칭기즈칸은 뛰어난 재주를 가진 사람이라고 해서 반드시 수장이 될 수 있는 것은 아니라고 생각했다. 현실을 둘러봐도 역시 그렇다. 이는 사람들이 자주 범하는 오류이기도 하다. 사람들은 가장 유능한 사람이 리더가 되는 것이 마땅하며 그것이 가장 좋은 결과를 가져올 것이라 생각한다. 하지만 결코 그렇지 않다. 살다보면 공부를 못해서 정치를 하기로 했다는 우스갯소리를 가끔 듣는다. 공부 1등이 통솔력도 1등인 것은 아니다. 마찬가지로 일을 가장 잘하는 사람, 능력이 가장 출중한 사람이 리더가 되는 것은 절대 아니다. 부하직원에게 항상 관심을 가지고 직원이 무엇을 필요로 하는지 아는 사람이 진정한 리더다.

전 미국 대통령 레이건은 중년 무렵에 병에 걸려 병원에서 링거를 맞은 적이 있었다. 한 젊은 간호사가 그에게 주사바늘을 두 번이나 찔렀지만 혈관을 찾지 못했다. 그는 바늘을 찔렀던 자리에 물집이 생긴 것을 보았다. 아파서 몇 마디 불만의 말을 하려고 할 때 간호사의 이마에 가득 맺힌 땀방울이 눈에 들어왔다. 그 순간 그는 딸을 떠올렸다. 그래서 그는 간호사를 위로하면서 말했다. "긴장하지 말고 다시 한 번 해보세요."

세 번째 시도 만에 마침내 성공하고 간호사는 숨을 길게 내뱉으며 말했다.

"정말로 죄송하고, 또 제게 세 번이나 기회를 주셔서 대단히 감사합니다. 저는 환자에게 처음 주사를 놓는 것이어서 너무 긴장했어요. 선생님께서 격려해주시지 않았다면 해내지 못했을 거예요."

레이건이 그녀에게 말했다.

"내 딸도 의과대학 진학이 목표예요. 그럼 그 아이도 첫 번째 환자가 생길 테죠. 나는 내 딸 역시 환자의 관용과 격려 속에서 첫 번째 주사를 놓을 수 있길 바랐을 뿐이에요."

레이건은 간호사에게 불평을 하려다가 의과대학에 진학할 딸을 생각하고 간호사를 격려했다. 덕분에 간호사는 성공적으로 임무를 완수할 수 있었다.

역지사지(易地思之)는 다른 사람의 뜻을 헤아릴 때 자주 쓰는 말이다. 생활 속에서 역지사지의 깨달음을 얻는다면 타인을 존중하고 이해하면서 좀 더 많은 관용을 베풀 수 있다. 사람과 사람 사이에 양해와 이해가 자리 잡으면 의심과 분쟁은 줄어들 것이다.

리더는 부하를 지나칠 정도로 가혹하게 부려서는 안 된다. 역지사지를 통해 상대방의 처지와 기분을 헤아려야 한다. 가정에서나 회사에서나 사람들의 입장은 끊임없이 바뀐다. 다른 사람이 당신을 위해 어떻게 해줬으면 하고 생각한다면 당신이 먼저 상대방에게 그렇게 해주는 것이 좋다. 부하가 당신에게 복종하기를 원한다면 입장을 바꿔 그들의 고충을 먼저 생각해야 한다.

집행 능력을 키워라

모든 장수들이여! 항상 군대를 질서정연하게 유지하고
전쟁에 대한 대비를 철저히 하라.
일단 명령과 지시가 하달되면 밤이건 낮이건 언제나 출정할 수 있어야 한다

칭기즈칸은 몽골제국을 세운 후 정권을 공고히 하기 위해 군대,
법제, 문화 등 여러 방면에 걸친 정비와 개혁 작업에 착수했다. 무
력으로 여러 기마민족을 통일한 칭기즈칸은 무엇보다도 군대 구축
에 특히 힘을 쏟았다. 우선 그는 자신이 직접 지휘하는 1만 명의 친
위대를 확충했다. 친위대는 인원 선발, 무기 배치에서 전술 훈련에
이르기까지 매우 엄격한 과정을 거쳤다. 이러한 일련의 개혁을 통
해 유목민족이 세운 정권은 씨족 사회의 잔재를 말끔히 없애고 봉
건 제도를 완성했다.

칭기즈칸이 당시 반포한 대법령 자사크는 매우 중요한 개혁 법안
으로 통솔권, 사회 관습과 법령을 새롭게 규정하고 각 계급의 행동
준칙을 규정한 정식 법령이었다.

정치 제도에서 최고 권력은 칸에게 집중되었으며, 몽골을 통틀어

칸이라고 칭할 수 있는 제왕은 오직 한 명이었다. 칸이 사망할 경우에는 그 후예가 왕위를 계승했다. 하지만 반드시 쿠릴타이에서 추대를 받아야 했다. 이 제도는 오늘날 사학자들에 의해 세계 최초의 민주적 선거 제도로 인정되고 있다.

대법령은 또 군정일치의 성격을 띤 천호군(千戶軍)을 편제했다. 15세 이상 70세 이하의 모든 남자는 군대에 등록해야 했다. 십호장, 백호장과 천호장은 사병들의 군정 장관이었다. 모든 사람은 지정된 천호, 백호, 십호 내에 머물러야 했으며, 이탈하는 자는 사형에 처해졌다. 이탈자를 은닉하고 도움을 주는 사람 역시 사형에 처해졌다. 기존의 씨족과 부족은 천호, 만호 등으로 명칭을 바꾸고 편제가 있는 군대로 변모했다. 더 이상 수시로 분열이 발생하고 수시로 다른 부족에 투항하는 느슨한 부족 연맹이 아니었다. 개국공신은 천호가 되었으며 분봉으로 얻은 영지는 세습해서 관리할 수 있었다. 천호는 행정 조직인 동시에 군사 조직이다. 구성원들은 생사를 함께 했으며 군대 전체가 퇴각하는 경우를 제외하고 전투 중에 따로 퇴각하는 자가 있으면 모두 사형에 처해졌다. 포로로 잡혀간 사람이 있을 경우 그를 구하지 않은 동료도 사형에 처해졌다. 이외에 칭기즈칸이 직접 지휘하는 케식텐(황실 인재 조직)이 조직되었고, 훗날 모칼리에게 선봉이나 방위군 역할을 하는 탐마치를 조직하라고 지시했다. 탐마치는 귀족이 아니어도 지휘자가 될 수 있었다.

대법령이 규정한 형법은 매우 엄격했다. 살인, 간통, 절도범 모두 사형에 처했다. 도망가는 사람을 잡아서 그 주인에게 돌려주지 않는 자, 장사를 하다가 세 번째 파산하는 자도 모두 사형에 처했다.

칸에게 나쁜 말을 하는 사람은 흙으로 입을 막고 사형에 처했다. 이처럼 대부분의 범죄는 모두 사형으로 다루었다. 훗날 천하무적이 된 몽골 군대의 모든 군사 제도와 군사 기술은 하나하나 칭기즈칸의 손으로 구축된 것이었다. 엄격하고 가혹한 법률이 몽골 사회의 안정과 질서를 앞당겼다.

컴퍼스나 자가 없으면 완벽한 네모나 동그라미를 그릴 수 없다. 어떠한 조직이나 팀이건 완벽한 규범 제도는 필수다. 그렇다면 완벽한 규범 제도가 팀의 고효율을 보장할 수 있을까? 답은 'No'다. 전투력의 효율은 제도에서 나오는 것이 아니라 질서에서 나온다. 제도는 질서의 전제이자 보증일 뿐이다. 제도는 질서의 필요조건일 뿐 충분조건은 아니다. 아무리 완벽한 제도라도 집행되지 않으면 '제로'나 다름없으며 조직 내부는 혼란에 빠진다. 그래서 효율적인 팀은 제도 앞에 '무자비한'이라는 수식어를 붙인다. 다시 말해 제도가 만들어진 후에는 0.1%의 오차도 없이 100% 집행되어야 한다. 불합리한 제도라고 해도 반드시 집행되어야 한다. 왜냐하면 제도를 집행하지 않는 선례를 남기면 제도가 있어도 지키지 않는 현상이 전염병처럼 만연된다.

군대는 전투력이 가장 뛰어난 조직이며, 절대 복종의 명령 체계를 가지고 있다. 군대의 규범 제도가 합리적일까? 절대 그렇지 않다. 오히려 상당수의 제도가 불합리하다. 칭기즈칸의 대법령만 봐도 도둑질을 했다고 해서 사형에 처했다. 오늘날의 시각으로 보면 절대적으로 불합리하다. 하지만 강력하게 집행함으로써 모든 사회적 재산의 안전을 지킬 수 있었다.

반대로 중국의 일부 국유기업과 사업체의 경우 제도는 합리적이고 완벽한데 질서가 산만하며 인력이 남아돌고 조직의 전투력이 결핍되는 문제는 바로 집행력에서 비롯된 것이다. 일전에『집행력』이라는 제목의 경제경영서가 커다란 인기몰이를 했다. 이 책이 베스트셀러가 될 수 있었던 이유는 효율적인 조직을 구축하기 위한 핵심을 명확하게 제시했기 때문이다.

물론 집행만 잘하면 제도의 합리성은 상관없다는 뜻은 아니다. 제도의 집행이 제도 자체의 합리성보다 훨씬 더 중요하다는 것을 강조하려는 의도일 뿐이다. 합리적인 제도일수록 집행이 더 쉽다. 하지만 제도 자체의 결함을 이유로 집행을 거부하는 경우는 절대 없어야 한다.

미국을 비롯한 여러 선진국의 판례를 살펴보면, 아주 우스운 판결을 내린 경우가 많다. 우리가 그들을 우습다고 생각할 때 한 가지 중요한 사실을 놓치고 있다. 사람들이 우습다고 여기는 판결은 바로 법률에 대한 엄격한 집행이다. 또 판결 자체가 현실에 맞지 않는다 해도 그것은 전체 법률 체계의 존엄성을 지키는 일이다. 그곳에선 전체 사회의 질서를 깨뜨리는 판례는 하나도 없다. 반대로 현실에 부합하는 판결을 내리기 위해 법대로 집행하지 않았다면, 법률에 위배되는 선례를 남기게 되고 훗날 법률을 위반하는 사례가 숱하게 발생할 것이다. 그러다 결국 사회 전체의 질서가 파괴된다. 이런 식으로 비교해보면 어떤 선택이 좁은 소견이고, 어떤 선택이 진정한 지혜인지 분명히 드러난다.

인재를 자기 몸처럼 사랑하라

말은 살이 쪘을 때도 살이 적당할 때도 말랐을 때도 잘 달려야 좋은 말이다.
이 세 가지 중 한 경우에서만 잘 달리는 말은 좋은 말이 아니다

칭기즈칸의 이 말은 좋은 말을 고르는 방법에 대해 설명하고 있
으며, '백락(伯樂)이 나고 천리마가 났다'는 옛말도 있다. 백락은
춘추시대 인물로 천리마 감정의 명인이었다. 천리마가 있어도 그
것을 알아보는 백락이 없으면 천리마는 의미가 없다. 인재가 있어
도 그 인재를 알아보고 등용하는 사람이 있어야 한다. 말을 고르는
이치나 사람을 고르는 이치나 다 마찬가지다.

1202년 가을, 칭기즈칸은 군대를 이끌고 오난강으로 도망치는
타이치오드족을 뒤쫓고 있었다. 그때 타이치오드의 지르고아다이
라는 청년이 산중턱에 서서 기마병을 이끌고 돌진해오는 칭기즈칸
을 멀리서 지켜보며 활시위를 당겼다. 화살은 칭기즈칸의 목 옆 부
위를 관통했고, 칭기즈칸은 바닥으로 고꾸라져 피를 계속 흘렸다.

당시 곁을 지키고 있던 누케르 젤메가 입으로 칭기즈칸의 목에서

피를 빨아냈다. 어두운 밤이라 주변에 누가 있는지 분간하기도 힘들었기에 함부로 다른 사람의 도움을 구할 수도 없었다. 그는 칭기즈칸을 옆에서 끝까지 지켰다. 한밤중이 지나 겨우 깨어난 칭기즈칸이 말했다.

"내 피가 다 말랐느냐? 갈증이 나 죽겠구나!"

젤메는 옷과 모자, 신발을 모두 벗고 내의만 입은 채 적진으로 뛰어들어 한 마차에서 딱딱하게 굳은 말 젖과 물을 구해왔다. 그는 물에 굳은 말 젖을 넣고 잘 저은 후 칭기즈칸이 마시도록 건넸다.

칭기즈칸은 세 모금을 마신 후에 "내 마음도 환해지고 내 눈도 환해지는구나"라고 말하면서 몸을 일으켜 세웠다. 그때 날은 이미 환하게 밝았고 칭기즈칸은 젤메가 뱉어놓은 피로 가득한 주변을 돌아보고 말했다.

"어떻게 된 거냐? 왜 좀 더 멀리 뱉지 않았나?"

젤메는 말했다.

"부상당하신 것을 보고 마음이 다급해 미처 멀리 뱉을 생각을 못했습니다. 또 멀리 벗어날 수도 없었습니다. 피는 반은 뱉고 반은 삼켜 제 뱃속으로도 많이 들어갔습니다."

칭기즈칸은 또 말했다.

"내가 이미 부상을 입고 바닥에 쓰러져 못 일어나고 있는데, 왜 알몸으로 적진으로 달려갔느냐? 만약 들키기라도 했으면 내가 쓰러져 못 일어난다고 이르지 않겠느냐?"

젤메가 대답했다.

"알몸으로 적진으로 들어갔다가 들키면, 그들에게 '나는 당신들에게 투항하러 왔다가 다른 사람한테 발각되었소. 그는 나를 잡아서 죽이려고 했소. 내 옷을 다 벗기고 미처 내의는 못 벗기고 있을 때 죽을힘을 다해 도망왔소. 그래서 이렇게 벗은 몸으로 당신들에게 달려온 것이오'라고 말할 작정이었습니다. 그들은 정말이라고 믿고 제게 입을 옷을 주고 잘 대해줬을 것입니다. 그런 후에 기회를 엿보다가 마실 것을 들고 빠져나올 생각이었습니다. 저는 갈증으로 힘들어하는 칸 생각만으로 호시탐탐 노리고 있는 적들의 눈을 살필 겨를도 없이 적진으로 위험을 무릅쓰고 뛰어들었습니다. 그 순간에는 오직 그 생각뿐이었습니다."

칭기즈칸은 말했다.

"지금 뭐라 할 말이 없네. 예전에 삼성(三姓) 메르키드인이 쳐들어와서 보르칸 성산을 포위하고 세 번이나 나를 샅샅이 찾았을 때 너는 내 목숨을 한 번 구했다. 오늘은 또 입으로 어혈을 빨아내고 나를 살렸다. 내가 갈증으로 힘들어하니 너는 위험을 무릅쓰고 죽을 각오로 적진으로 뛰어들어 말 젖을 구해 나에게 마시게 했으니 세 번이나 나의 생명을 구했다. 내 목숨을 세 번이나 구해준 은혜는 반드시 새겨두마."

칭기즈칸은 능력에 따라 인재를 판단했다. 즉 칸이나 몽골국의 건립을 위해 세운 공로 및 여러 역할에 따라 다양한 분야의 인재를 파격적으로 중용했다.

칭기즈칸은 자신의 야간 친위대를 이렇게 칭송했다.

구름이 낀 밤에 천창(天窓)이 있는 내 막사 주위를 둘러싼 무사들이여!

그대들이 나의 편안한 잠을 지켜주고 나를 대칸의 보좌로 올려놓았다.

별이 뜬 밤에 나의 장막 주위를 둘러싼 복 있는 무사들이여!

그대들이 나를 안심하고 잠들게 하고 나를 대칸의 보좌로 올려놓았다.

몰아치는 눈바람 속에서도

몸이 떨려오는 엄동설한 속에서도

퍼붓는 빗속에서도 한시도 쉬지 않고 선 채로

벽으로 둘러진 나의 막사 주위를 지키고 있는 충성스러운 무사들이여!

그대들이 내 마음을 편안하게 하고 나를 안락한 보좌로 올려놓았다.

흉포하게 몰려오는 적군들 틈에서도 믿음직한 나의 무사들이여!

그대들은 내 막사 주위에서 눈도 깜빡이지 않은 채 나를 보위하고 있다.

나의 버드나무 화살통이 작은 기척이라도 울리면 기민한 나의 무사들이 곧장 달려온다.

나의 복 있는 무사들이여! 나의 존경하는 무사들이여!

우글레 체르비와 함께 온 70명의 대무사들이여!

칭기즈칸이 인재를 얼마나 중시하고 존중했는가를 실감할 수 있는 대목이다. 사람을 정확하게 판단하는 일이 결코 쉽지 않지만,

반드시 훌륭하게 처리해야만 한다. 말은 살이 쪘을 때도 달릴 수 있어야 하고, 살이 적당할 때도 달릴 수 있어야 하고, 심지어는 말 랐을 때도 달릴 수 있어야 한다. 그래야 신변에 둘 수 있는 좋은 말 이다. 그들은 시시각각 자신의 직분에 충실하고 그 역할을 십분 발 휘한다. 사람이 모든 분야에서 뛰어날 수는 없다. 또 세분화된 분 업 사회는 팔방미인을 필요로 하지도 않는다. 한두 가지 자신의 전 공 분야에서 장점을 가지면 된다. 하지만 언제 어디서든 모든 장애 를 극복하고 자신의 장점을 발휘할 수 있어야 한다. 이것이 바로 칭기즈칸이 생각한 우수한 인재다. 어떤 분야에서의 재능과 함께 중요한 것은 강한 의지력과 조직에 대한 충성심이다.

강한 의지가 없으면 결정적 순간에 나사가 빠진 꼴이 된다. 충성 심이 없으면 시종일관 꾸준하기가 어렵다. 결정적 순간에 나사도 빠지겠지만 심지어 배반할 가능성까지 있다. 『가르시아 장군에게 보내는 편지』가 백년이 넘는 세월 동안 성경에 이어 전 세계에서 발행 부수가 가장 많은 베스트셀러가 될 수 있었던 것은 '충성'이 라는 두 글자를 강조했기 때문이다. 불타오르는 충성심은 인재가 필수적으로 갖추어야 할 덕목으로서 예부터 모든 사람들이 인정하 고 있다.

항상 위기에 대처하라

전마가 마르기 전에 소중히 여기는 마음을 가지고,
양식과 사료가 떨어지기 전에 아끼는 마음을 가져라.
전마가 마르고 힘이 없어진 후에는 아무리 안타까워해도 이미 때가 늦고,
양식과 사료를 다 쓰고 나면 아무리 아끼려고 해도 이미 때는 늦는다

1216년, 칭기즈칸은 재상들을 소집해서 메르키드족 공격에 관한 일을 상의했다.

"누가 나를 위해 메르키드를 정복하러 가겠느냐?"

대장 수베에테이가 흔쾌히 가겠노라고 했다. 칭기즈칸은 위험을 무릅쓰고 적을 정벌하러 가겠다는 수베에테이의 용기를 극찬했다. 당장 그를 이번 작전의 대장으로 임명했다.

1217년, 수베에테이는 출정 준비에 착수했다. 메르키드 사람들은 험한 산속에 숨어 있었기 때문에 칭기즈칸은 수베에테이에게 대형 전차를 제작하라고 명령했다. 못으로 단단하게 고정한 전차는 돌무더기 사이를 지나도 쉽게 파손되지 않았다.

출발할 무렵, 칭기즈칸은 수베에테이에게 필승의 다짐을 받고 여러 차례 신신당부했다.

"숙적 메르키드를 소탕하는 길은 산과 고개를 넘고 큰 강을 가로 지르는 험난한 길이다. 언제나 말을 아껴 타고 물자도 아껴야 한다. 말이 다친 후에는 후회해도 때는 늦었다. 군량이 부족하면 아끼고자 해도 때는 늦었다. 네가 가려는 길에는 분명 수많은 들짐승들이 있을 것이다. 들짐승 사냥에 정신이 팔려 행군을 늦추지 말라. 군량을 보충하는 수준에서 적당하게 사냥을 해야 한다. 평상시에 행군할 때는 군화를 벗고 행군해라. 그래야 전마와 전사를 보호할 수 있다. 만약 이 명령을 위반한 자가 내가 잘 아는 사람이라면 그를 나에게로 돌려보내라. 내가 모르는 사람이라면 그 자리에서 목을 쳐라! 나는 자네를 멀리 떠나보내지만 우리의 염원은 통일 하나일세!"

마침내 칭기즈칸과 오랫동안 적대 관계에 있던 메르키드족이 완전히 멸망했다.

칭기즈칸이 부하들에게 전마를 소중히 여기고 군량과 사료를 절약하라고 당부한 것은 유비무환 정신의 발로였다. 충분한 준비가 있어야만 전투에서 용감하게 적을 무찌르고 후환을 없앨 수 있다. 『손자병법』에서는 어떤 일을 하든 항상 철저히 대비하여 훗날의 근심을 없애야 하며, 그렇지 않으면 눈앞에 대란이 닥쳐온다고 했다.

춘추시대에 송(宋)·제(齊)·진(晉)·위(魏) 등 12국 연합군이 정(鄭)나라를 공격했다. 다급해진 정나라는 12개국 중 대국인 진나라에 강화를 요청했다. 이에 진나라가 동의했고, 나머지 11개 나라도 공격을 중단했다.

정나라는 진나라에 감사의 뜻을 전하기 위해 병거, 악기, 악사,

기녀 등을 바쳤다. 진 도공(悼公)은 공물을 보고 매우 기뻐하며 기녀의 절반(8명)을 그의 공신 위강(魏絳)에게 하사하면서 말했다.

"공이 몇 년간 나를 위해 책략을 도모한 덕에 일이 아주 순조롭게 되었다. 마치 조화로운 음악처럼 박자가 맞으니 정말로 좋소. 지금 둘이 함께 즐겨보세!"

그러자 위강이 대답했다.

"국사가 순조로울 수 있었던 것은 우선 전하의 능력 덕택이고, 그 다음으로는 여러 동료 대신들이 협력한 덕분입니다. 저 혼자 무슨 공을 세웠다고 할 수 있겠습니까? 다만 전하께서 편안하게 즐기면서도 아직 해야 할 많은 국사를 함께 생각하시기를 바랄 뿐입니다. 『서경(書經)』에 '편안한 가운데서도 항상 위험할 때를 생각하고, 생각하면 준비를 갖추어야 위험에 대비할 수 있다(居安思危, 思則有備, 有備無患)'고 했습니다. 이 말을 전하께 바치옵니다!"

편안할 때에도 항상 발생 가능한 위험과 재난에 대비해야 한다. 경각심을 가져야만 대비를 할 수 있고 대비를 하면 갑작스런 재난도 피해갈 수 있다. 이를 두고 '유비무환'이라고 한다.

대기업일수록 이런 정신이 더욱 필요하다. 그렇지 않으면 '백년기업'은 공염불에 불과하다. 최근 20여 년간 중국의 기업 발전사를 돌이켜볼 때, 쥐런(巨人)그룹, 아이둬(愛多)그룹, 야시야(亞細亞) 같이 한때 이름을 드날리던 기업들이 지금은 어디로 갔는가? 혜성처럼 등장하여 무한한 영광을 누리던 기업들은 오늘날 어디에 있는가? 어느 재계 인사는 "다른 사람의 실패를 통해 유비무환을 배울 수 있다"라고 말했다. 이는 위기 의식에 관한 구체적인 표현일 것이다. 세계 최고의 부호 빌 게이츠는 "마이크로소프트는 파산까지 18개월밖에 남지 않았다"라고 말했다. 이 말은 모든 기업가들에게 경종을 울리기에 충분하다.

오늘날 치열한 시장경쟁 하에서 기업 경영자는 강한 위기관리 의식을 가져야 한다. 미국 오레곤대학 경영대학원 원장을 역임한 레메스(Remes) 교수는 그가 배출한 MBA 석·박사들과 자신의 경험을 바탕으로 성공하는 경영자가 반드시 지켜야 할 10가지 원칙을 발표했다. 그중 하나가 바로 '의외의 사고에 대비한 충분한 준비'였다. 그는 성공적인 전략이란 반드시 발생 가능한 문제에 대비해서 뒷날의 걱정을 제거하는 유비무환의 정신이라고 강조했다.

중국의 개혁개방 20년 역사에서 한때 이름을 날리던 많은 거대 기업들이 오늘날 소리소문없이 사라졌다. 이는 위기관리 의식의 부재와 무관하지 않다. 한 유명 기업가는 직원들에게 "불황은 언제나 기업이 최정상에 있을 때 시작된다. 제품이 가장 잘 팔리는 때가 판매 부진의 시작이다"라고 경고했다. 최정상을 달릴 때 실패를 염두에 두는 경영자야말로 현명한 경영자다. 옛말에도 "있을 때는 언제나 없을 때를 대비하고, 없을 때는 있을 때를 기대하지 말라"고 일렀다.

샤오톈어(小天鵝) 전자동세탁기가 무고장 작동 1,500회라는 국제 기준에 도달했을 때, 그들은 어떤 경축 행사도 열지 않았다. 오히려 자만에 빠지지 않도록 직원 대회를 열고 100여 개에 달하는 오차를 찾아냈다. 이러한 위기 의식을 바탕으로 그들은 완벽에 완벽을 기해 진정한 명품을 생산할 수 있었다. 그런데 안타깝게도 현재 상당수의 기업들이 샤오톈어와 같은 깨인 의식이 없다. 그들은 외형과 돈벌이에만 급급하고 편안하게 커갈 생각에만 젖어 있어 애프터서비스, 모험, 불리한 요소에 대해 생각하는 경우가 매우 적다. 이들의 경영 방식은 위기관리와는 상당한 거리가 있다. 그들 중 일부는 위기에 대한 의식이 전무하고, 따라서 어떠한 위기관리도 없다. 그래서 일단 위기가 출현하면 엄청난 취약함을 드러내게 된다.

어떤 일을 하든지 편안할 때도 위험에 대비하고 미연에 우환을 방지하는 유비무환의 자세는 안전을 확보하는 가장 좋은 방법이다. 중국 고대의 신의(神醫) 편작(扁鵲)은 위(魏) 문왕(文王)과 다음과 같은 유명한 대화를 나누었다.

문왕이 편작에게 물었다.

"당신 집안의 삼형제 모두 훌륭한 의술을 가지고 있는데, 누가 가장 뛰어납니까?"

편작이 대답했다.

"큰형이 가장 뛰어나고 둘째형이 그 다음이며 제가 가장 부족합니다."

문왕이 다시 물었다.

"그런데 어째서 선생이 가장 유명합니까?"

편작은 대답했다.

"큰형은 병이 생기기도 전에 미리 병을 치료합니다. 보통사람들은 큰형이 병인을 미리 제거했다는 사실을 몰랐고 그래서 이름이 알려지지 않았습니다. 하지만 우리 집안사람들은 다 알고 있습니다. 둘째형은 발병 초기에 치료를 합니다. 사람들은 둘째형이 그저 경미한 병만 치료한다고 생각합니다. 그래서 둘째형은 우리 고향에서만 겨우 알려진 정도입니다. 하지만 저는 병이 깊어지고 나서야 치료를 합니다. 사람들은 제가 경맥(經脈)에 침을 놓아 혈을 통하게 하고 피부에 약을 바르는 등 대수술을 하는 것을 보고 제 의술이 가장 뛰어나다고 믿습니다. 이리하여 제 명성이 전국에 퍼지게 되었습니다."

실제로 의술이 가장 뛰어났던 큰형은 보통사람들의 인정을 받지는 못했지만 의술을 잘 아는 편작은 큰형이야말로 진정한 고수임을 인정했다.

중대한 손실이 생기고 난 다음 보완할 방법을 찾으면 소 잃고 외양간 고치는 격이니, 이미 때는 늦는다.

전쟁의 이치도 마찬가지다. 일단 전마가 살이 빠지고 군량과 사료가 떨어지면 군대는 전투력을 상실하게 된다. 전투력이 사라지면 당연히 전쟁을 하기도 전에 패배하고 만다. 전장에서건 사업장에서건 아니면 다른 장소에서건 기본 이치는 대동소이하다. 장기적이고 안정적인 발전을 원한다면 위기 의식을 가져야 한다. 생각이 해이해지고 미연에 재난을 방지하는 의식이 결여되면, 결국 실패로 끝맺음할 수밖에 없다.

내부의 문제를 먼저 해결하라

자신의 내부를 다스릴 줄 아는 자가
나라 안에 퍼진 도적들도 다스린다

칭기즈칸은 모반 세력을 진압하고 무속 신앙을 제거할 때 자신의 이 말을 철저하게 검증했다. 당시 칭기즈칸이 몽골 초원의 모든 부락을 통일해 몽골국을 건립하고 칸으로 추대될 수 있었던 것은 그가 가진 뛰어난 정치 수단과 군사적 재능 외에 샤머니즘의 지원과도 큰 관련이 있다.

하늘의 대변자로서 천신의 뜻을 전달하는 샤머니즘은 몽골에서 매우 높은 권위를 지니고 있었다. 칭기즈칸은 부족들에게 거대한 종교적 영향력을 행사하는 샤먼을 이용해 여론을 형성하고 통일과 왕권 강화라는 대업을 완수했다. 이는 그의 매우 중요한 정치적 책략이었다.

텝 텡게리 쿠쿠추는 천신의 뜻을 조작해서 칭기즈칸에게 칭기즈칸이라는 지고무상한 존호를 내렸으며, 칭기즈칸의 성망을 대대적으로 선전하는 공을 세웠다. 이러한 공로로 인해 쿠쿠추는 건국 후 칭기즈칸의 총애와 신임을 한몸에 받았다. 그는 칭기즈칸에게 기탄없는 직언을 하기도 했지만, 그의 말은 사람의 마음을 안정시키는 효과가 있어서 칭기즈칸에게 일종의 지지가 되었고 칭기즈칸은 매우 흡족해했다.

쿠쿠추는 수년간 몽골인들 사이에 높은 명망을 누리고 있었다. 그의 아버지 뭉릭은 지난날 칭기즈칸에게 큰 은혜를 베풀어 몽골국 제일의 개국공신으로 봉해졌고, 그의 형제들도 봉록과 하사품을 받았다. 일가의 부자 여덟 명 모두가 칭기즈칸의 총애를 받고 권세가 나날이 강성해졌다. 쿠쿠추와 형제들은 샤머니즘 세력의 확대를 기도하고 신권과 왕권을 통합한 후 권력을 칭기즈칸과 나눠가졌다.

칭기즈칸의 둘째아우 카사르는 힘이 세고 용맹했으며 기마와 활에 능했다. 그는 어려서부터 칭기즈칸을 따라 도처로 정벌전에 나섰다. 케레이드족을 공격할 때 카사르는 자신의 심복을 보내 옹 칸에게 거짓으로 투항하고 신임을 얻도록 만든 다음, 옹 칸 군대의 정보를 몰래 빼내 승리의 기틀을 마련했다. 나이만족을 정벌할 때는 중군(中軍)을 통솔했으며, 다년간 여러 차례 전공을 세워 위엄과 명망이 날로 높아졌다. 그런데 쿠쿠추 형제들은 평소 카사르를 안중에도 두지 않았다. 그러던 어느 날 다툼이 일어나 그들은 카사르를 거꾸로 매단 채 뭇매질을 했다.

카사르는 모욕감을 참을 수 없어서 바로 칭기즈칸에게 달려가 하소연했다. 하지만 그때 다른 일로 마음이 복잡했던 칭기즈칸은 언짧은 기색으로 말했다.

"너는 늘 스스로 천하무적이라고 하지 않았느냐? 그런데 어쩌다가 그 사람들에게 맞았느냐?"

카사르는 화가 머리끝까지 치밀어 올랐다. 칭기즈칸에 대한 불만과 분노로 그는 사흘이나 발길을 끊었다.

이때 쿠쿠추가 기회를 틈타 칭기즈칸 형제를 이간질했다.

"영생의 하늘이 뜻을 전했습니다. 한번은 칭기즈칸에게 국정을 장악하라고 명했으며, 또 한번은 카사르에게 국정을 장악하라고 명했습니다. 카사르에 대비하지 않으면 장차 일이 어찌 될지 판단하기가 매우 어렵습니다."

칭기즈칸을 그 말을 곧이곧대로 믿었다. 게다가 카사르가 며칠이나 조정에 들지 않자 그가 권력 탈취 음모를 꾸밀까 걱정이 되어 밤이 늦었는데도 사람을 보내 카사르를 잡아들였다. 나중에 후엘룬이 타이르고 통사정을 해서 겨우 카사르를 풀어주었다. 하지만 칭기즈칸은 카사르에게 여전히 경계의 마음을 풀지 않았다. 그는 어머니의 뜻을 거역하고 몰래 카사르에게 봉한 대부분의 백성을 빼앗았다. 원래 사천호였던 카사르의 백성은 천사백호로 줄어들었다. 카사르를 보좌하던 신하들도 이에 연루될까 두려워 다른 지방으로 도망갔다.

그후 쿠쿠추 형제는 더욱 기세등등해졌다. 사방팔방의 온 백성들이 모두 쿠쿠추의 문 아래로 모여들었다. 신도는 더욱 늘어났고 내왕하는 사람도 칭기즈칸보다 많아졌다. 심지어 칭기즈칸의 막내동생 테무게 옷치긴의 백성 중 일부도 쿠쿠추에게로 넘어갔다. 테무게는 신임하는 소코르를 보내 협상을 시도했지만 쿠쿠추는 소코르를 실컷 두들겨 패고 말안장에 묶어 쫓아버렸다.

테무게는 하는 수 없이 직접 찾아가 시비를 가릴 수밖에 없었다. 그런데 뜻밖에도 쿠쿠추의 일곱 형제가 욕설을 하면서 되물었다.

"감히 사람을 보내 백성을 돌려달라고 하다니 그게 올바른 처사인가?"

테무게는 뭇매질이 두려워 극도로 자제하며 본심을 숨기고 말했다.

"사자를 보내지 말아야 했소."

쿠쿠추의 일곱 형제는 말했다.

"기왕에 알고 있으니 무릎을 꿇고 잘못을 빌어라!"

테무게는 쿠쿠추 뒤편에 무릎을 꿇고 앉는 수모를 겪고서도 결국 자신의 백성을 돌려받지 못했다.

몽골의 대법령에 따르면, 다른 사람에게서 도망쳐온 속민을 거두어들이는 자는 엄격한 처벌을 받았다. 쿠쿠추 형제는 법령마저도 안중에 두지 않고 공개적으로 황제의 동생 테무게에게 그런 모욕을 주었으니, 그 기세가 얼마나 등등했는지 짐작이 간다.

테무게가 모욕을 당한 이튿날 이른 아침, 칭기즈칸은 아직 기상 전이었다. 테무게는 직접 황금 게르로 찾아가 수모를 당한 경위를 형에게 알렸다. 칭기즈칸이 입을 떼기도 전에 부인 부르테가 자리에서 일어나 앉으며 이불로 가슴을 감싸고 눈물을 흘리며 말했다.

"콩코탄 씨는 무엇을 하려는 겁니까? 전에는 카사르를 매달아놓고 때리더니 이제는 테무게를 꿇어앉히다니! 대체 이게 무슨 법이

랍니까? 이렇게 칸이 건재한데도 당신의 형제를 능욕하다니. 만에 하나 나중에 이 나라의 기둥이신 당신이 쓰러지기라도 한다면 아직 어린 아들들이 백성들을 어떻게 다스리겠습니까? 당신을 위해 공을 세운 동생까지도 그렇게 업신여기니 우리 어린 아들들이 자랄 때까지 그냥 놓아두겠습니까? 왜 동생을 업신여기는 사람들을 뻔히 보고서도 가만히 계십니까?"

부르테는 눈물범벅이 된 얼굴로 말을 이어갔다.

부르테 황후의 읍소를 들은 칭기즈칸은 정신이 번쩍 들었다. 그는 문제의 심각성을 알아차렸다. 쿠쿠추를 위시한 샤먼 세력은 이미 왕권을 심각하게 위협하고 있었다. 그래서 그는 즉각 기세등등한 적대 세력을 제거하기로 결심했다.

칭기즈칸은 그 자리에서 테무게에서 말했다.

"나를 일으켜 세우게! 쿠쿠추 형제가 오늘 나를 알현할 것이다. 너는 나 칭기즈칸의 동생이라는 사실을 명심해라!"

칭기즈칸은 조정에서 문무백관을 접견했다. 칭기즈칸이 중간에 앉고 우측에는 카사르, 벨구테이, 테무게 등이 서고 입구에는 긴장을 늦추지 않은 나야아가 서 있었다. 뭉릭은 일곱 아들을 데리고 들어와 예를 갖추었다.

"칭기즈칸을 알현하옵니다!"

칭기즈칸은 말했다.

"뭉릭, 앉으시죠. 의논할 일이 있습니다."

뭉릭이 칭기즈칸의 옆에 앉았다. 이때 테무게가 달려 나와 쿠쿠추를 붙잡았다.

"어제 나에게 잘못을 빌라고 했지? 나는 오늘 너랑 힘겨루기를 해보련다!"

테무게가 쿠쿠추의 멱살을 틀어쥐고 말했다. 쿠쿠추도 테무게의 멱살을 부여잡았다. 칭기즈칸은 그들을 엄하게 노려보았다.

"뭣들 하는가? 나이도 적지 않은 사람들이 그렇게 힘이 넘쳐나나? 나가게, 힘겨루기를 하려면 바깥에서 하게. 나는 자네들을 보고 싶지 않네!"

테무게가 쿠쿠추를 끌고 바깥으로 나갔다. 뭉릭이 소리쳤다.

"쿠쿠추!"

칭기즈칸은 뭉릭의 손을 잡으며 말했다.

"상관하지 마시오!"

갑자기 바깥에서 비명소리가 들려왔다. 놀란 뭉릭은 몸을 부들부들 떨었다. 칭기즈칸이 물었다.

"어찌된 일이지?"

테무게가 걸어 들어왔다.

"텝 텡게리는 보잘것없는 소인배요. 나와 겨루지도 않고 땅바닥에 드러누워 일어나지도 않소!"

뭉릭 곁에 있던 작은아들이 입구로 달려 나가보더니 경악했다.

"넷째 형이 죽었다!"

뭉릭은 눈을 감았다. 그의 아들들이 등등한 기세로 칭기즈칸 형제를 몰아붙였다.

"너희들이 감히……."

칭기즈칸은 일어서서 기침을 한 번하고 근엄한 눈빛으로 뭉릭의 아들들을 힐끗 본 후 말했다.

"너희들은 모두 나의 형제다. 내가 그들을 설득하지 못했고 너희들도 통제하지 못했으니, 싸움을 하려거든 해라. 나는 나가겠다."

칭기즈칸은 침착하게 걸어 나갔다. 카사르와 벨구테이는 살기등등한 얼굴로 우두둑우두둑 손마디를 꺾었다. 뭉릭이 갑자기 일어나더니 한숨을 내쉬었다.

"애들아, 그만 가자!"

그후 뭉릭 부자의 기세는 수그러들었다. 몽골의 정치 권력은 종교에서부터 비롯되었지만 왕권을 확립하기 위해 종교를 맹신하던 시대는 이제 지나갔다. 왕권이 점차 절대화되어 샤먼이 하늘의 뜻을 대신 전한다는 명목으로 정치에 간섭하는 시대도 끝이 났다. 이제 만민이 강철과 같은 칸을 향해 고개를 조아리는 시대가 되었다.

칭기즈칸은 텝 텡게리 쿠쿠추 일가를 제거한 후, 오랫동안 그를 따랐던 심복 바아린 부족의 우순 노인에게 샤머니즘의 우두머리인 베키를 맡겼다. 우순 노인은 흰옷을 입고 백마에 올라타 높은 자리에서 제사를 주관하고 길흉화복을 점쳤다. 이후 칭기즈칸은 그의 부하에게 샤머니즘을 관장하게 하고, 몽골인들 사이에 큰 영향력을 가진 샤머니즘을 왕권 강화를 위한 수단으로 이용했다.

칭기즈칸은 과감하고 단호하게 내부의 불협화음을 정리하고 외부의 적대 세력을 제거하기 위한 확실한 토대를 구축했다. 칭기즈칸은 내부의 불안정적인 요인을 제거하는 기백을 가졌기에 외부의 적대 세력을 정복할 수 있었다.

"자기 내부를 다스릴 줄 아는 자가 나라 안에 퍼진 도적들도 다스릴 수 있다"라는 말은 외부 세력과 전쟁을 치르기 전에 우선 내부를 안정시키고 후방을 튼튼하게 지켜야 한다는 뜻이다. 내부를 안정시키고 후방을 튼튼히 구축한 후에 전쟁에 임하면 공격과 수비가 모두 가능하며 불패의 위치에 설 수 있다. 그렇지 않고 내부가 불안한 상황에서 전쟁에 임했다가 만일 불리한 상황에 처하게 되면 내란이 일어날 수도 있고, 또 내란으로 전쟁에 패하게 될 수도 있다. 결국 나쁜 일이 꼬리에 꼬리를 물고 벌어지는 악순환이 일어나게 된다. 마오쩌둥(毛澤東)은 "준비되지 않은 전쟁, 자신 없는 전쟁은 하지 않는다. 외부를 공격하기 위해서는 먼저 내부가 안정되어야 한다. 이는 가장 중요한 전략적 준비이자 필승을 위한 전략적 확신이다"라고 말했다.

중소기업의 성장은 늘 주목받는 이슈다. 왜냐하면 중소기업은 미래의 어느 날 거대한 그룹으로 발전할 가능성이 있기 때문이다. 하지만 중소기업은 시장의 격랑 속에서 침몰할 가능성도 동시에 가지고 있다. 기업이 도태될 때는 두 가지 원인이 있다. 하나는 경쟁상대가 너무 막강해서 전혀 맞설 힘이 없을 때며, 또 하나는 내부의 문제로 무너지는 것이다. 시장경제가 성숙하면서 시장은 더욱 명확하게 세분화되고 있다. 자신만의 핵심 경쟁력을 가진 기업만이 자신에게 속하는 시장의 파이를 나눠가지고 살아남을 수 있다. 만약 기업의 내부 관리가 부적절하면 여기저기서 허점이 드러나고 갈등이 쌓인다. 그러다 결국 기업은 내부 요인으로 잠식되고, 적이 쳐들어오기도 전에 벌써 만신창이가 되어 있을 것이다.

사실 오늘날 많은 중소기업이 스스로의 문제로 힘들어하고 있다.

그중에는 전망이 밝은 업종의 기업도 포함되어 있다. 문제가 있다는 사실은 두려운 것이 아니다. 두려운 것은 문제를 찾아 나서지 않는 것이고, 문제를 찾은 후에도 해결하지 않는 것이다.

기업이 장기적으로 발전하려면, 반드시 회사 내부의 문제를 해결해야 한다. 위에서 아래로 한마음이 되어 내부의 단결과 질서를 안정적으로 유지해야만 업무 효율을 높일 수 있고 훌륭한 기업 문화를 구축할 수 있다. 기업 내부의 안정과 단결은 우리가 늘 말하는 응집력과 팀 정신이며, 이는 기업의 발전을 촉진하는 거대한 역량이다.

자기보다 뛰어난 인재를 채용하라

지혜롭고 재주 있는 자를 얻게 되면
내 옆에서 멀리 떨어지지 않게 하고
마음에 꼭 드는 계책을 내놓고 힘을 발휘하게 만든다

칭기즈칸은 인재를 목숨처럼 아꼈다. 일단 지혜롭고 재주 있는 자를 얻으면 중임을 맡기면서 '미덥지 못하면 맡기지 말고 일단 썼으면 믿고 맡겨라' 라는 용인술을 진정으로 실천했다.

모칼리는 원래 주르킨의 수령 사차베키 가문의 노예였다. 그는 용기와 지혜를 두루 갖추고 주인에게도 충실해서 칭기즈칸에게 인정을 받았다. 사차베키가 전쟁에 패한 후 모칼리는 포로가 되었다. 칭기즈칸은 그의 사형을 면해주면서 말했다.

"내 옆에 붙어 다니는 누케르가 되게. 밤낮을 불문하고 언제든지 칼을 차고 내 게르를 출입하도록 하라."

이 결정에 사람들은 놀라움을 금치 못했다. 모칼리는 감개무량하여 고개를 조아리며 말했다.

"대칸, 소인 모칼리가 오늘 이후 조금이라도 불충하거나 불의를 행하면 다리의 힘줄을 끊으시고 심장과 간을 도려내십시오."

그때부터 모칼리는 칭기즈칸을 따라 도처로 정벌전에 나섰으며, 여러 차례 뛰어난 공을 세워 칭기즈칸이 가장 소중히 여기는 장수 중 한 명이 되었다.

칭기즈칸은 그를 보오르초와 함께 좌우 수족으로 여겼으며 언제나 그의 직언을 받아들였다. 1206년 건국 후, 모칼리는 좌익 만호장 겸 케식텐의 수장으로 임명되었다. 1214년 그는 명령을 받들어 수만 군대를 이끌고 요서 정벌에 나섰으며, 1217년 가을 칭기즈칸은 전쟁에서 승리하고 몽골로 회군한 후 모칼리를 태사(太師), 국왕(國王)에 봉했다. 교지와 국새를 하사하면서 자손대대로 국왕의 자리에 앉도록 허락했다. 또 어가(御駕)에 세우는 구미대기(九尾大旗)를 하사하고 어가 행차와 같은 행사를 관장하도록 했으며 금나라 정벌의 전권을 넘겨줬다.

칭기즈칸은 모칼리에게 말했다.

"너는 나를 대신해서 중원을 다스려라. 한족은 명분이 바로서야 말을 듣는다. 지금 너를 태사, 국왕으로 봉하노라! 너는 몽골국의 첫 번째 국왕이다!"

모칼리는 거절하며 말했다.

"저는 감히 그 봉호를 받지 못하옵니다! 저는 본시 대칸의 원수를 위해 목숨 바쳐 일하던 노예였습니다. 대칸은 지난날의 원한을 개의치 않으시고 저에게 누케르의 직책을 내렸습니다. 또 훗날 저에게 군사를 이끌고 전쟁을 하도록 허락했습니다. 저는 이미 천호와 만호를 다스리는 고위직에 올랐습니다. 머리를 땅에 내리치고 온몸의 피를 다 말린다 해도 대칸의 은덕에 보답할 길이 없습니다. 그런데 어떻게 대칸의 아들들도 얻지 못한`봉호를 감히 받아들이겠습니까? 명령을 거두어들이소서!"

칭기즈칸은 말했다.

"네가 나의 적에게 목숨 바쳐 일한 것이 어떻다는 거냐? 네가 노예였다는 것 또한 어떻다는 거냐? 지금 너는 내가 사랑하는 장수다! 너는 너의 행동으로 신뢰할 수 있는 사람임을, 혼자서도 일을 책임질 수 있는 지도자 감이라는 사실을 증명했다. 나는 네가 지난 날 무엇을 했는지 또 어떤 사람이었는지는 개의치 않는다. 지금 너는 나의 태사, 국왕일 뿐이다!"

"대칸, 성은이 망극합니다!"

모칼리의 얼굴은 눈물로 범벅이 되었다.

칭기즈칸은 타타통가의 손에서 교지와 국새를 받아 모칼리에게 건네며 말했다.

"이것은 내가 너에게 하사하는 것이다. 옥새에는 '자자손손 대대로 나라를 물려받는다'라고 새겨져 있다. 태행산(太行山) 이북은 내가 직접 다스리고, 이남은 너에게 넘겨주겠다."

모칼리는 두 손으로 국새를 받들고 말했다.

"신 모칼리는 대칸의 하늘처럼 높은 은혜와 신망을 받았으니 대칸의 명을 헛되지 않게 하겠습니다! 신은 반드시 대칸을 위해 단 한 방울의 피도 아낌없이 다 받치겠습니다!"

칭기즈칸이 말했다.

"모칼리, 나는 네가 피 흘리는 것을 원치 않는다. 오직 땀만 흘리면 된다!"

그는 모칼리 뒤편에 서 있는 사람들에게 말했다.

"그대들은 저 구미백정(九尾白旌)이 보이는가? 이 깃발이 있으면 내가 몸소 군대를 이끌고 가는 것과 같네. 이 명령을 위반하는 자가 있으면 모칼리 국왕이 나를 대신해 참수할 권한을 가진다!"

칭기즈칸은 모칼리에게 막강한 권한을 주고 깊은 신뢰를 표시했다. 역대 제왕들에게는 드문 일이었다. 칭기즈칸은 모칼리뿐만 아니라 여기저기서 다양한 인재를 발굴해냈다. 실제 공로에 따라 충성스럽고 지혜롭고 용맹한 자들을 장수와 참모로 임명하여 대업을 이루는 데 힘을 쏟게 했다.

자모카는 칭기즈칸에게 패배하게 된 원인을 이렇게 말했다.

"칭기즈칸에게는 많은 영웅호걸들이 함께 하고 있다. 준마와 같은 73명의 부하가 충성을 다하고 있다."

뛰어난 관리자는 절대 만능이 아니다. 그의 특기는 용인(用人)일 뿐이다. 사람을 잘 다루는 관리자는 적합한 인재를 고용하고 또 그 인재를 자신과 한편, 한몸으로 엮는다. 관리자는 몸통과 같고 그가 쓰는 인재는 팔다리와 같다. 관리자는 자신이 쓰는 인재들의 동작을 마치 우리 몸이 팔을 움직이고 팔이 손가락을 움직이는 것처럼 지휘한다. 이렇게 사람들의 재주를 합쳐 자신의 재주로 만들고 많은 사람들의 능력을 모아 자신의 능력으로 만든다. 그래서 인재가 많아질수록 역량은 점점 더 커진다. 이 상황에서 어떤 일이든 이루지 못할까?

인재를 잘 다루는 사람은 개인의 능력 여하에 관계없이 사업에서 성공할 수 있다. 반면 인재를 다룰 줄 모르는 사람은 자신이 아무리 능력이 뛰어나도 무능한 것이나 다름없다. 칭기즈칸은 인재 발굴에 뛰어났을 뿐만 아니라 그들을 중용하고 겸허한 마음으로 받아들였다. 그러자 주변에 유능하고 용감한 장수들이 몰려들었고 통일의 대업을 위한 기틀을 마련할 수 있었다.

치열한 현대 경쟁 사회에서 성공하기 위해서는 리더 곁에 반드시 현명하고 뛰어난 장수가 필요하며 우수한 부하들의 보좌가 있어야 한다. 리더가 권위를 벗어던지고 진실한 마음으로 뛰어난 인재를 끌어 모으면 사업에서 성공할 수 있다. 이에 대해 하이얼(Heir) 장루이민(張瑞民) 회장은 이런 견해를 밝혔다.

"직원들이 가장 절실하게 필요로 하는 것, 가장 본질적으로 필요로 하는 것은 돈도 물질도 아니고 자아 가치의 발견과 실현이다. 하이얼은 평등한 인재 채용 시스템으로 직원 한 사람 한 사람에게 그들 모두가 인재이며 업무를 통해 자아를 초월하고 혁신할 수 있다고 알려준다. 하이얼의 성장은 전 직원의 창조적인 노동을 통해 얻은 결과이다. 또 이 결과는 그들에게 자부심과 우월감을 부여하여 더 큰 잠재력을 발휘할 수 있도록 자극했다. 그리하여 회사 내부는 언제나 활기로 충만하다."

인재 채용은 기업의 가장 중요한 의사결정 중 하나다. 인력자원 분야를 전문적으로 연구하는 한 학자는 이렇게 말했다.

"한 기업, 특히 개방적으로 운용되는 기업은 직원 한 명을 잘못 씀으로 해서 다수의 좋은 직원을 다치게 할 것이다."

이 말에는 깊은 철학적 의미가 담겨 있다. 어떤 경영자는 인재를 채용할 때 자신의 이익에서 출발한다. 말 잘 듣고 순종적인 직원은 뽑아도, 능력이 아무리 뛰어나지만 순종적이지 않고 모난 직원은 뽑지 않는다. 그래서 인재들은 능력을 발휘할 곳을 찾지 못하게 되고 회사도 품안에 들어온 공작새를 날려 보내고 만다. 어떤 경영자는 곁에 두고 있는 인재를 쓰지 않으면서 인재의 씨가 말랐다고 푸념만 한다. 그래서 외부의 인재를 찾아 나서기에 바쁘다. 또 일부 경영자는 미리 선을 그어놓고 능력이 좀 떨어져도 자기 사람을 쓰지, 능력 있는 외부인은 절대 쓰지 않는다. 또한 승진, 인사 고과, 해외 출장 등에서 일관되지 않은 기준으로 편 가르기를 시도한다. 이런 방식은 여러 사람들의 감정을 다치게 하고 인재의 대량 유실을 야기한다.

인재의 재능을 최대한 발휘시키는 것은 인력 활용에 있어서 이상적인 경지다. 그것은 하겠다고 맘먹는다고 해서 단번에 이루어지는 것이 아니라 오랫동안 힘써 추구해야 할 목표다. 경영자는 인재 문제에 한해서는 편견을 버리고 능력과 자질에 따라 사람을 써야 한다. 광고계의 대부 데이비드 오길비(David Ogilvy)는 아주 유명한 말을 남겼다.

"인재 채용의 가장 큰 실수는 자기보다 더 뛰어난 사람을 채용하지 않는 것이다."

오길비는 이사들의 책상 위에 인형을 하나씩 놓아두고 열어보라고 했다. 인형을 열면 그 안에 또 하나의 인형이 들어 있었고, 또 열어보면 더 작은 인형이 들어 있었다. 가장 작은 인형을 열자 안에는 오길비가 쓴 메모가 들어 있었다.

"만약 당신이 평생 당신보다 못한 사람을 채용하면 우리 회사는 난장이가 되어버릴 것이다. 반대로 당신이 계속 당신보다 뛰어난 사람을 채용하면 우리 회사는 하늘을 떠받치고 우뚝 선 거인이 될 것이다."

오길비의 인재관은 참고로 삼을 만한 충분한 가치가 있다.

따뜻한 마음으로 직원을 대하라

벨구테이의 힘과 카사르의 화살이 있었기에
나는 천하를 얻을 수 있었다

소년 시절 카사르는 칭기즈칸과 가장 사이가 좋은 동생이었다. 카사르는 사나운 짐승이라는 뜻이다. 그는 어릴 적부터 식사량이 어른보다 많았고 몸집이 우람하고 건장했으며 활을 잘 쐈다. 1189년 칭기즈칸이 칸의 자리에 오른 후, 카사르는 코빌라이 등 세 사람을 데리고 호위병의 임무를 맡았다. 1203년, 카사르는 두 명의 심복을 옹 칸에게 보내 거짓 투항하게 했다. 이에 옹 칸은 크게 기뻐하며 칭기즈칸의 세력이 사분오열되어 걱정할 바가 못 된다고 여겼다. 칭기즈칸은 카사르의 위장 투항을 통해 옹 칸의 상황을 속속들이 캐내고 군사를 출동시켜 기습을 단행했다. 카사르의 계책 덕분에 칭기즈칸은 단 한 번의 공격으로 케레이드족을 섬멸했다.

1209년 칭기즈칸이 나이만족 정벌을 위해 출병했을 때, 카사르는 칭기즈칸을 대신해서 중군을 지휘하고 큰 공을 세웠다.

1213년 가을, 칭기즈칸은 다시 한 번 금나라를 대거 공격했다. 카사르는 좌익군을 이끌고 중도성(中都城) 외곽에서 동진하여 요서의 각 지방을 공략한 후 중군, 우군과 합류해서 중도를 포위했다. 1214년 봄, 금나라 선제(宣帝)는 공주를 바치며 강화를 요청했다. 카사르는 칭기즈칸을 따라 몽골 초원으로 철수했다. 같은 해, 칭기즈칸은 옹기라드족을 고비사막 남쪽으로 이동시키고 오난강 하류, 아르곤강 유역 및 훌룬호 동쪽 초원을 카사르와 테무게에게 분봉했다.

벨구테이는 칭기즈칸의 이복동생으로 대략 1165년 전후에 출생했다. 예수가이(칭기즈칸의 아버지)가 죽은 후 가세가 기울어 형제들은 물고기와 새를 잡아서 생계를 이어갔다. 어느 날 벨구테이와 같은 어머니에게서 난 벡테르가 칭기즈칸과 카사르가 잡은 물고기를 빼앗았다. 칭기즈칸과 카사르는 화가 나서 벡테르를 활로 쏴 죽였다. 벡테르는 죽기 전에 이렇게 말했다.

"지금 우리는 외롭고 힘들고 기댈 곳이 없다. 그림자 외에는 친구가 없는데, 왜 나를 죽이려는 거지? 우리 집안의 씨를 말리지 않기를 바란다. 벨구테이를 버리지 마라."

칭기즈칸의 어머니 후엘룬은 이 흉보를 듣고 크게 노하여 칭기즈칸을 흠씬 때려주고 큰 적이 앞에 있는데 어떻게 형제를 죽일 수 있느냐며 처절하게 울부짖었다. 칭기즈칸과 카사르는 심한 가책을 느끼고 침통한 교훈을 곱씹으며 이복동생 벨구테이에게 잘 대해주면서 격의 없이 친하게 지냈다. 벨구테이 역시 큰형인 칭기즈칸을 따르며 한마음 한뜻으로 집안을 다시 일으켜 세웠다.

1170년대 말 칭기즈칸이 성인이 되자 타이치오드 사람들이 그를 붙잡으러 왔다. 벨구테이는 나뭇가지를 잘라 울타리를 만들고 적과 맞섰다. 카사르는 화살을 쏘고 저항하면서 칭기즈칸이 숲속으로 도망갈 수 있도록 도왔다.

1178년, 벨구테이는 칭기즈칸이 부르테를 신부로 맞이하기 위해 옹기라드족을 찾아갈 때 동행했다. 이듬해 또 카사르와 함께 칭기즈칸을 따라 토올라강 흑림으로 가서 옹 칸을 알현했다. 그때 칭기즈칸은 옹 칸과 부자관계를 맺고 옹 칸의 도움을 얻어 가문을 다시 일으켜 세웠다.

1189년 칭기즈칸이 처음 칸이라 칭해진 후, 벨구테이는 호위대에서 말을 거세하는 일을 담당했다.

1196년 칭기즈칸이 옹 칸을 따라 타타르족을 정벌하러 나설 때, 키야트족의 지파인 주르킨족이 약속을 어기고 나타나지 않고 오히려 칭기즈칸이 출정한 틈을 타 후방을 약탈했다. 칭기즈칸은 타타르족과의 전투에서 승리한 후 부대를 집결해서 주르킨족을 멸망시켰다. 그때 벨구테이가 칭기즈칸을 도와 주르킨족의 장사 부리를 없앴다. 이후 자모카를 우두머리로 한 부족 연합군과의 전쟁 및 타이치오드족, 메르키드족, 타타르족과의 몇 차례 전투에서 벨구테이는 모두 전공을 세웠다.

1204년, 칭기즈칸은 사아리초원에서 나이만족을 공략하기 위한 작전을 짰다. 모두들 봄철이라 말이 말랐으니, 가을까지 기다렸다가 출병하자고 했다. 테무게는 말이 말랐다고 해서 절호의 기회를 놓쳐서는 안 된다며 즉각 출격하자고 주장했다. 벨구테이도 이에 동조했다.

"사내대장부가 세상에 태어나서 적한테 활을 빼앗기면 살아도 무슨 의미가 있겠소? 사나이는 당연히 전쟁터에서 죽어야 하고 활과 함께 황야에 묻혀야 하오. 나이만족은 땅이 넓고 사람과 말이 많은 것만 믿고 큰소리를 치고 있소. 그들이 자만하고 있는 틈을 타서 공격해야 합니다. 이건 어렵지 않습니다. 그들이 아무리 사람이 많아도 모두 줄행랑만 칠 줄 아는 무능한 잡배들입니다. 타양칸이 큰소리를 치면서 우리를 모욕하고 있습니다. 그런데도 우리가 가만히 앉아만 있어야겠습니까? 당장 출병해서 그들을 쳐야 합니다!"

칭기즈칸은 그들의 의견을 받아들이고 즉각 군대를 정비해서 1204년 초여름 전쟁에 나섰다. 얼마 후 나이만을 물리치고 대승을 거두었다.

벨구테이는 천성이 순박하고 인정이 많았으며 건장한 신체에 힘과 용기가 대단했다. 카사르와 더불어 칭기즈칸과 가장 친밀하고 가장 큰 힘이 되어주는 동생이었다. 1206년, 몽골제국이 건립되고 칭기즈칸이 황제가 된 후 말했다.

"벨구테이의 힘과 카사르의 활이 있었기에 나는 천하를 얻을 수 있었다."

천하를 얻고 나서도 '벨구테이의 힘과 카사르의 활'로 그 공을 돌리는 칭기즈칸은 넓고 큰마음을 가진 사람이다. 카사르와 벨구테이는 칭기즈칸이 몽골을 통일하고 초원의 칸이 되기까지 수많은 전공을 세웠고, 칭기즈칸은 그들을 자신의 좌우 수족으로 생각했다.

사람 됨됨이와 대인 관계는 매우 밀접한 관련이 있다. 당신이 다른 사람을 후대하면 상대방도 당신을 위해 노력한다. 현명한 리더는 자기 생각만 하지 않고 마음을 활짝 열고 관대함으로 사람의 마음을 끌어당긴다. 결코 받아들일 수 없는 사람까지도 받아들이는 열린 마음이야말로 진실로 위대하다.

측천무후가 적인걸(狄仁傑)을 국로(國老)라고 존경하면서 중용한 것 역시 일례다. 측천무후는 적인걸을 정치적으로 중용했으며 일상생활에서도 많은 관심을 보였다. 그의 야간 당직을 면해주고 그의 동료에게도 큰일이 아니면 그를 번거롭게 하지 말라고 당부했다. 부하에게 관대하고 후덕한 사람은 자연스레 부하의 마음을 얻을 수 있다.

차가운 마음으로 사람을 중용하면 중용된 사람은 실적을 쌓기 위해 노력은 하겠지만 마음으로는 복종하지 않으며 세월이 흐른 후에 딴마음을 품게 될 가능성이 매우 높다. 하지만 따뜻한 마음으로 사람을 중용하면 부하는 언제나 상사를 위해 충성을 다하고 다른 마음을 품지도 않을 것이다.

공로를 부하직원에게 양보하라

입고 있는 옷을 벗어주고 타고 있는 말을 내줘라

유목민들과 함께 오랫동안 어려운 시절을 보낸 칭기즈칸은 여러 차례 유목민들의 도움 덕택에 목숨을 구할 수 있었다. 타이치오드족의 소르칸 시라 일가는 적들의 추적을 피해 도망다니는 소년 칭기즈칸을 숨겨주었다. 보오르초는 칭기즈칸 일가의 중요한 재산인 거세마 아홉 필을 되찾을 수 있도록 도왔다. 칭기즈칸은 자신을 아끼고 도와준 유목민들의 소중한 우정에 진심으로 감사했다. 그는 지위가 낮은 유목민, 노예와도 기꺼이 친구가 되었으며 관심과 사랑을 주고받으면서 동고동락했다. 그러자 칭기즈칸 주위로 모칼리, 제베, 젤메 등 신분이 비천한 누케르들이 모여들었다. 칭기즈칸은 그들을 자신의 친구이자 형제이자 전우로 대했으며, 누케르들도 칭기즈칸을 위해 충성을 다하며 칭기즈칸이 정복의 위업을 달성하는 데 큰 힘이 되었다.

칭기즈칸이 타이치오드족과 전투를 벌이던 중, 타르고타이 수하의 명사수가 쏜 화살에 목을 맞아 목숨이 경각에 달렸을 때 젤메가 최선을 다해 구조한 덕분에 위험에서 벗어날 수 있었다. 또 칼라칼지드 전투에서 칭기즈칸의 군대가 대패하여 남은 사병이 4천여 명에 불과했다. 중군도 겨우 막사 한 개만 남았다. 피곤에 지친 칭기즈칸은 가죽 외투를 단단히 싸매고 나무에 기대어 말뚝잠을 자고 있었다. 이때 보오르초가 말에서 내려 모피를 들고 걸어와 모칼리와 함께 나무 아래서 잠든 칭기즈칸에게 모피로 덮어주고 밤새 한 발자국도 움직이지 않았다. 잠에서 깨어난 칭기즈칸이 눈 속에 발이 다 묻힌 두 사람을 보고 크게 감동했다.

자모카, 타르고타이 등 각 부족의 귀족들은 잔혹하게 부족민들을 착취하고 탄압했으며 전쟁 포로와 노비들을 학대했다. 하지만 칭기즈칸은 부족민을 관대한 마음으로 친구와 형제처럼 대했다. 입고 입던 옷을 벗어주고 타고 있던 말까지도 내주었다. 그래서 더 많은 유목민들이 칭기즈칸을 찾아와 몸을 의탁했다. 칭기즈칸은 1180년에서 1189년까지 10년 동안 수만 명의 부족민을 규합했다. 1189년에 키야트족 귀족들이 테무친을 만장일치로 칸에 추대했다. 칭기즈칸은 각 계층, 각 부락, 각 민족을 단결시키는 데 능했기 때문에 폭넓은 지지를 얻을 수 있었다.

칭기즈칸은 부족민들과 동고동락하며 전쟁에서 어려움을 함께하고 전리품을 공동으로 분배했다. 그는 또 신의를 중시하여 큰 공을 세운 부하에게는 큰 상을 내리고 전사한 장군과 병사의 가족들에게는 후한 위로품을 하사했다. 기분에 따라 멋대로 부하를 처벌하지도 않았고 개인적인 은원을 따지지도 않았다.

칭기즈칸은 부하들을 매우 사랑했다. 타오치오드족과의 전투에서 한 장수가 말에서 떨어져 중상을 입었을 때 직접 병사를 구하기도 했다. 또 금나라와 야호령(野狐嶺)에서 전투를 벌일 때는 한 장수가 활에 맞은 채로 전투를 계속하다가 피를 흘리며 쓰러지자 직접 약을 발라주며 보살피기도 했다.

칭기즈칸이 부하들과 마음을 트고 지내며 동고동락하자, 장수들은 칭기즈칸을 존경하며 충성을 다했다. 그들은 언제까지나 그의 휘하에서 용감하게 싸우며 대업을 완수하기를 원했다.

칭기즈칸은 공을 세운 부하들을 시종일관 우대했다. 1206년 몽골을 건국할 때 개국공신 88명을 만호장, 천호장으로 봉했으며, 특수한 공로를 세운 자는 다르칸(탁월한 공헌이나 특수 분야의 업무에 전념하는 데 대한 보상으로 조세·요역, 일정 범위의 형사상의 소추가 면제되던 특권층)으로 봉하거나 죄를 지어도 9번까지는 면죄부를 주었다. 또 자신의 후손들에게 누케르, 호위병, 공신을 잘 대우하라고 일렀다. 칭기즈칸은 대업을 완수한 후 자신에게 충성한 공신은 단 한 명도 숙청하지 않았다. 그의 넓은 도량과 광명정대함은 공신들을 숙청한 제왕들이 미칠 바가 못 된다.

"입은 옷을 벗어주고 타고 있는 말을 내줘라"는 말은 오늘날의 상황에서 풀이하면 부하 직원과 협심단결하고 그 영예를 함께 누리라는 뜻이다.

미국의 유명한 럭비 감독 폴 베어러(Paul Bearer)는 자기 팀의 연승 비결을 이렇게 설명했다.

"시합을 망치면 그건 순전히 내 잘못이다. 시합이 생각만큼 잘 안 풀리면 분명 우리 모두의 책임이다. 시합을 이겼다면 그건 모두 선수들의 공이다. 이것이 바로 우리가 경기에서 이길 수 있었던 비결이다."

이것이 바로 리더의 품격으로 숭고한 사람됨의 경지에서 나온다. 기업의 경영자도 부하직원을 위해 책임을 대신 지고 직원과 함께 영예를 나눌 줄 아는 마음이 필요하다. 영예를 함께 나누는 것, 다시 말해 경영자가 각종 영예와 이익을 독점하지 않고 여러 가지 형태로 부하직원들에게 영예와 또 그 영예가 가져다주는 기쁨을 나누어주면 부하직원들은 존중받고 있다는 만족감을 느끼게 된다. 이와 같은 만족감은 업무에서 더 많은 에너지를 분출할 수 있도록 만들며, 사람들의 무의식에 보편적으로 존재하는 칭찬받는 자에 대한 질투 심리를 희석시킨다.

사실 이것은 취사선택의 문제다. 당신이 경제적 이익과 영예를 부하직원에게 돌린다면 부하직원들의 존경을 받게 될 것이고, 부하직원들에게 존경을 받음으로써 진정한 권력을 수중에 넣을 수 있다. 권력을 보유하고 사람들의 존경까지 받는다면 당신의 사업은 번창 일로를 달릴 수 있다.

불가에서는 "내놓는 것이 곧 거두어들이는 것이요, 잃는 것이 곧 얻는 것"이라고 말했다. 아마도 언제 어디서 어떤 일을 하건 모든 이익을 혼자서 독점할 수는 없다는 의미가 아닐까 싶다. 만약 모든 것을 점유했다면, 모든 것을 잃어버리는 순간과도 멀지 않다. 아인슈타인이 물리학에서 내놓은 에너지 보존의 법칙은 인문사회학에서도 똑같이 적용된다. 당신은 리더로서 눈앞에 놓인 경제적인 이익과 개인적인 영예를 선택할 것인가? 아니면 사람들의 존경과 권력을 선택할 것인가? 지금까지 설명한 이치를 깨달았다면 선택은 간단명료하다.

직원들을 사랑하라

나라는 백성이 근본이다.
백성을 죽이고 땅과 나라를 얻는다 한들 무슨 이익이 있겠는가.
무고한 백성을 죽이면 저항심이 도리어 강화된다

몽골군은 천성이 용맹하고 전쟁에 능했다. 북방의 어떤 지역이 몽골군에게 함락되고 수백 명의 백성들이 성에서 쫓겨났다. 칭기즈칸은 장인 등 기술이 있는 자를 제외한 나머지 백성을 전부 죽이라고 명령했다. 칭기즈칸은 놀라서 허둥대는 포로들을 쫓는 군사들을 보며 재미있다는 표정을 지었다.

그는 네 아들과 주위의 장령들에게 물었다.

"인생 최대의 즐거움이 무엇인가?"

진카이가 말했다.

"저는 예전에 상인이었습니다. 세상을 주유하며 천하의 아름답고 기이한 경관을 실컷 즐기는 것이 인생 일대의 기쁨입니다."

칭기즈칸은 맏아들 조치에게 물었다.

"네 생각은 어떠냐?"

조치는 대답했다.

"저는 새싹이 파릇파릇 돋아나는 봄날과 천고마비의 계절 가을에 매를 어깨에 얹고 사냥개를 앞세워 말에 올라타 사냥물을 가득 싣고 돌아오는 것이 인생 최대의 즐거움입니다."

칭기즈칸이 손사래를 치며 고개를 젓자, 명안(明安)이 물었다.

"대칸은 어떻게 생각하시옵니까?"

칭기즈칸은 일어서서 호방하게 말했다.

"인생의 지극한 기쁨은 지난날 너를 탄압하고 무시하고 멸시하고 치욕을 주던 적을 이기고 그의 재산을 몰수하고 눈물로 세수하는 그들의 얼굴을 바라보는 것, 이것이야말로 초원의 영웅이 느끼는 진정한 즐거움이다!"

조치와 차아타이는 이구동성으로 말했다.

"대칸이시여, 고견이십니다!"

사병들이 포로 중에서 장인과 나머지 백성을 구분해냈다. 나아아가 물었다.

"장인이 더 없는가?"

광장에는 쥐죽은 듯 침묵이 흘렀다. 나아아가 손을 휘젓자 네 줄로 늘어선 기병들이 포로를 마주보고 정렬하여 활을 내리고 화살을 뽑았다.

그때 명안이 고함을 질렀다.

"기다리시오!"

칭기즈칸은 미간을 찌푸리며 물었다.

"명안 장군, 할 말이 있는 게요?"

"인생 최대의 기쁨에 관한 제 생각을 말씀드리고 싶습니다."

"오, 말해보게."

"한족들 사이에 '좋은 새는 나무를 골라 앉고 훌륭한 신하는 군주를 골라 충성한다'라는 말이 있습니다. 그래서 저는 하늘이 준 힘으로 적을 공격하면서도 무기를 버리는 자에게는 관용을 베푸는 현명한 군주에게 목숨 바쳐 일하는 것이 인생 일대의 즐거움입니다."

칭기즈칸은 순간 멈칫했다.

"네 뜻은 이 사람들을 죽이지 말아야 한다는 건가?"

"저들은 칸의 적들에게서 탄압받아온 백성입니다."

"저들이 내 사람을 죽였다. 아주 많은 사람을!"

"그러나 칸이 저들을 죽이시면 더 많은 금나라 백성들이 창칼을 들고 더 흉포하게 칸의 사람을 죽일 것입니다!"

"그럼 저들이 감히 반항을 못 할 때까지 계속해서 죽이겠다."

"적국에 사람이 얼마나 많은지 아십니까? 저들이 스무 명으로 몽골 사람 한 명의 목숨을 앗아가면 몽골은 패망하고 멸족하게 됩니다."

칭기즈칸은 어리둥절해져 못 믿겠다는 듯 물었다.

"그럼 어떻게 해야 하는가?"

명안이 대답했다.

"대칸, 이곳 백성들 대다수가 한족과 거란족입니다. 저들은 절대 여진족을 도우려 했던 것이 아닙니다. 단지 몽골인을 알지 못하고 대칸의 도래가 저들에게 무엇을 가져다줄지 몰라서 위험을 무릅쓰고 달려들었던 것입니다. 만약 대칸이 저들을 너그러이 용서한다면 그 소문이 열배 백배로 전해져 훗날 백성들이 자발적으로 칸에게 복종하고 금나라 군대에 맞서 싸우는 상황이 올 것입니다."

다른 장령들도 백성들을 풀어주는 게 상책이라고 판단했다. 칭기즈칸은 눈을 부릅뜨며 말했다.

"설마 내 명령을 그렇게 쉽게 뒤집을 수 있다고 생각하나? 우구데이, 너의 생각은 어떠하냐?"

우구데이는 말했다.

"대칸, 타타통가 스승님께서도 저희들에게 말씀하셨습니다. 신하의 말을 함부로 하지 않고 흐르는 물처럼 간언을 받아들이는 것도 제왕의 현명함이라 했습니다."

칭기즈칸은 껄껄 웃으며 말했다.

"내 아들과 장령들이 이렇게 고명한 생각을 가지고 있다니 기쁘구나."

칭기즈칸은 즉각 나야아에게 백성들을 풀어주도록 명령했다.

도의를 지키는 자는 많은 사람들의 도움과 지지를 받을 수 있지만, 도의를 저버리는 자는 인심을 잃고 고립무원의 위기에 처하게 된다. 민심의 중요성을 깨달은 칭기즈칸은 그때부터 투항해오는 무고한 백성은 함부로 죽이지 말도록 명령했다.

리더가 부하의 충성심을 유도하고 조직을 위해 최선을 다하도록 이끌고 싶다면 엄격한 관리만으로는 한참 부족하다. 대부분 권위보다는 부하에 대한 애정을 표현하는 것이 훨씬 좋은 효과를 가져다준다. 사람이 근본이라는 사상을 현실 속에서 관철해야만 마음을 얻고 조직의 응집력을 높일 수 있다.

기업이라는 단어에서 '기(企)' 자를 유심히 본 적이 있는지 모르겠다. 위쪽에는 '사람 인(人)' 자가 있고 아래쪽에는 '그칠 지(止)' 자가 있다. 만약 위쪽의 사람 인자를 없애버리면 남는 것은 그칠 지자다. 그러면 기업은 '지업'이 되고 사업을 중단해야 한다. 기업은 사람으로 이루어진다. 사람이 없으면 기업은 존재할 수 없다. 어쩌면 이것은 우연의 일치인지도 모르지만 우리에게 시사점을 던져주고 깊이 생각하게 만드는 것만은 확실하다.

"사람의 힘은 마음에서 나온다. 마음이 왕성하면 일도 번창해진다"는 옛말이 있다. 마음의 힘은 얼마나 클까? 옛 중국인들은 이에 대해 많은 견해를 남겼다. "합심하면 태산도 옮길 수 있다", "마음을 얻는 자가 천하를 얻는다" 등등. 인간 세상에는 일맥상통하는 이치가 아주 많다. 시장경제 하에서 "마음을 얻는 자가 시장을 얻는다"라고 얘기하는 것도 같은 이치다. 기업 문화의 핵심은 사람을 근본으로 하는 '인본사상'이다. 그 본질은 기업 경영에서 사람의 마음을 얻고 직원들의 마음을 얻고 소비자의 마음을 얻는 것이다.

중국의 위대한 혁명가 쑨원(孫文) 선생은 다년간에 걸친 자신의 혁명과 투쟁 경험을 정리하면서 이렇게 말했다.

"나랏일을 하려면 사람이 모여야 하고 사람은 마음의 그릇이다. 나랏일은 사람의 마음을 다루는 일이다. 그래서 정치의 성공과 실패는 사람의 마음에 달려 있다. 마음속으로 된다고 믿으면 산을 옮기고 바다를 메우는 어려운 일도 언젠가는 성공하는 날이 올 것이다. 마음속으로 안 된다고 믿으면 손바닥을 뒤집고 나뭇가지를 꺾는 것처럼 쉬운 일도 이루지 못한다."

나랏일이 이러하다면 기업은 어떨까? 기업을 움직이는 동력은 어디에서 나올까? 직원들의 마음이 바로 기업을 움직이는 힘이다. 훌륭한 기업 문화의 건설은 진보적인 관념으로 직원들의 마음을 잘 관리하고, 직원들의 마음을 집결해서 한곳을 향해 힘쓰도록 하는 것이다.

지난날 집단과 개인의 관계를 설명할 때 "큰 강에 물이 있어야 개울에 물이 넘치고 큰 강에 물이 없으면 개울물이 마른다"라고 했다. 하지만 오늘날 이런 사고방식은 바뀌어야 한다. "개울에 물이 있어야 큰 강에 물이 차고 개울에 물이 없으면 큰 강도 마른다"로. 왜냐하면 천 갈래의 시내가 모여 강을 이루는 것이 대자연의 올바른 이치이기 때문이다.

큰 강은 작은 개울물이 모여서 이루어진다. 수원을 공급하는 개울물 없이 큰 강에만 의지하여 물을 공급하면 큰 강은 언젠가는 말라버릴 것이다. 기업에서도 모든 직원들의 마음이 끊임없이 솟구치는 샘물이 될 수 있다면 각각의 부서는 큰 강에 물을 보내주는 개천이 될 수 있고, 그러면 기업이라는 큰 강은 영원히 마르지 않을 것이다. 어떻게 해야 모든 직원들의 마음을 끊임없이 솟구치는 샘물로 만들까? 이는 인간 중심의 훌륭한 기업 문화를 건설함으로써 달성될 수 있다.

기업은 기업 문화를 구축하는 과정에서 인간 중심의 사상을 실천해야 한다. 그러기 위해서는 일단 마음의 위대한 힘을 충분히 인식해야 한다. "합심하면 태산도 옮길 수 있다"라는 것은 결코 빈말이

126

아니다.

국유기업들은 사기업들이 가지지 못한 장점, 예를 들어 정책적 지원, 풍부한 인재 등을 가지고 있는데도 직원들 대부분은 몸 따로 마음 따로 움직인다. 이유가 뭘까? 주요 원인은 직원들이 이익을 제대로 보장받지 못한다는 데 있다. 그러나 각종 이유에 시달려 불만을 마음속에만 담아두고 대충대충 일을 한다. 비록 겉으로는 주인공인 척하지만 마음속에서는 자신을 주인공으로 생각하지 않는다. 이런 상황에서 어떻게 기업과 사업이 제대로 될 수 있겠는가?

칭기즈칸도 처음에는 폭력으로 폭력을 제압했으며 복수와 살육을 통해 쾌락을 느꼈다. 그러나 훗날 마음의 힘이 칼의 힘보다도 더 위대하다는 사실을 깨닫게 되었다. 당연히 칭기즈칸에게 무력이 없었다면 초원을 통일하지 못했을 것이다. 하지만 그가 생각을 바꾼 후에 취한 유화적 수단이 없었다면 유라시아 대륙을 휩쓴 위업을 달성하지 못했을 것이다.

문치(文治)와 무치(武治)는 상호 보완적이다. 사업이 확장될수록 양자 중 어느 하나도 없어서는 안 된다. 한 무제에서 당 태종, 칭기즈칸에서 강희 · 건륭제에 이르는 중국 역사 속의 명군들은 단한 명의 예외도 없이 문치와 무치를 적절하게 결합했던 천재적 인물이었다. 현대 사회의 리더들이 조직을 이끌고 다스릴 때도 마찬가지로 이 두 가지 책략이 필요하다. 한편으로는 완벽한 제도와 엄격한 기율을 강조하고 또 한편으로는 감성적 관리가 필요하다.

완벽한 제도란 집단과 개인의 이익을 동시에 살펴야 하며 실행 가능한 것이어야 한다. 엄격한 기율과 감성적 관리는 결코 모순되지 않는다. 전자는 모든 것을 제도에 따라 실행하여 공이 있으면 반드시 상을 내리고 죄가 있으면 반드시 벌을 내리는 것을 가리킨다. 후자는 사람을 중심으로 생각하여 실수를 용납하는 것이다. 잘못을 저질렀다면 처벌을 해야겠지만 잘못을 저지른 사람이 자신의 잘못을 깨닫고 개선하는 방법을 알도록 만드는 것이다.

감성적 관리는 결코 감정적 관리가 아니다. 실적을 획일적으로 나누고 잘못을 똑같이 처벌하거나 희석시키며, 큰일은 작게 만들고 작은 일은 없었던 것처럼 하는 모호한 감정적 관리는 엄격한 기율과 모순된다.

칭기즈칸은 8백 년 전에 '나라는 백성을 근본으로 한다'는 이치를 깨달았는데, 오늘을 살고 있는 우리는 어떠한가?

사소한 일을 절대 경시하지 말라

집안을 잘 다스리는 자가 나라도 잘 다스린다

칭기즈칸은 가족의 내부 단결을 공고히 하는 노력을 통해 나라를 통치하는 핵심 역량을 강화했다. 칭기즈칸은 생전에 가족 내부의 단결을 치밀하고 장기적으로 고려했다. 일단 가족 내부에서 골육상잔의 비극이 벌어지면 나라의 분열과 와해가 초래되리라는 것을 누구보다 잘 알고 있었다. 그래서 그는 몇 가지 필요한 조치를 취하고 자녀들과 동생들, 집안사람들 및 친족에게 항상 단결하고 힘을 모으도록 가르쳤다.

그는 늘 습관적으로 자녀들과 형제들의 화목을 강조하면서 그들 사이에서 우애의 기초를 강화했다. 또한 시시각각 끊임없이 자녀들, 동생들, 족인(族人)들 가슴속에 단결의 씨앗을 뿌리고 그들의 머릿속에 동주공제(同舟共濟)의 그림을 그렸다. 또한 그는 비유를 들어 집

안의 화목을 강화하고 화목을 위한 기반을 충실히 했다.(『칭기즈칸 –
세계 정복자의 역사』 중역본 상권, 44쪽)

칭기즈칸은 화살 한두 대는 어렵지 않게 부러뜨릴 수 있지만 여
러 대의 화살을 한데 뭉쳐놓으면 쉽게 부러뜨릴 수 없다는 예를 들
며 자녀들을 훈계했다.

"너희들도 마찬가지다. 부러지기 쉬운 화살도 다른 화살의 지원
을 받으면 아무리 힘센 장사라도 쉽게 부러뜨릴 수가 없다. 너희
형제들도 서로 돕고 굳게 협력하면 아무리 강한 적들도 너희들을
이길 수 없다."

칭기즈칸은 몽골제국을 건립한 후 아들과 동생들에게 세습 영지,
속민, 군대를 나눠주었다. 또 그들을 왕으로 봉하고 대신을 파견해
보좌토록 했다. 칭기즈칸은 가족들이 각자의 위치에서 최선을 다
해 권세와 부귀를 함께 누리고 단결하고 화목하면서 몽골의 강토
를 영원히 지키도록 했다.

칭기즈칸은 가족의 단결과 몽골제국의 통일을 공고히 하기 위해
셋째아들 우구데이를 황위 계승자로 내정했다. 그는 수시로 머리
여럿 달린 뱀과 하나 달린 뱀 이야기를 들려주며 자녀들을 교육했
다. 머리 여럿 달린 뱀은 중구난방으로 의견이 나눠져 결국 얼어
죽었지만 머리 하나 달린 뱀은 동굴로 들어가 추위를 피하고 온전
히 살아남았다. 그는 "너희들 중에 다른 형제, 아들, 친구를 비롯한
동료들을 복종시키고 지휘할 수 있는 지도자가 없다면 너희들의
상황도 머리 여럿 달린 뱀과 같다"라고 경고했다.

그가 병이 깊어 임종을 맞이하기 직전 자녀들을 불러모아놓고 훈계했다.

"나의 아들 모두가 대칸과 제왕이 되고 싶어 양보하지 않는다면 어찌 머리 하나 달린 뱀과 머리 여럿 달린 뱀의 이야기를 닮지 않았겠느냐?"

칭기즈칸은 우구데이에게 황위를 계승하겠다는 결정을 바꾸지 못하도록 자녀들에게 문서를 내리고 명령했다.

칭기즈칸은 교육과 필요한 상벌 조치 등의 수단으로 황족 내부의 단결 및 장수들과 부하들의 단결을 강화했다. 그래서 흩어진 모래와 같았던 몽골 고원의 부족들은 강력한 힘으로 결속된 위대한 민족으로 거듭날 수 있었다. 그들은 적과 싸워 광활한 영토를 정복하고 역사상 전례 없는 위대한 업적을 남겼다.

"집안을 잘 다스리는 자가 나라도 잘 다스린다"는 말과 "한 집도 쓸지 못하면서 어찌 천하를 쓸겠는가?"라는 말은 일맥상통한다. "한 집도 쓸지 못하면서 어찌 천하를 쓸겠는가?"란 말은 소박한 관리 사상이며, 큰일을 이루려는 사람은 작은 일부터 꼼꼼하고 치밀하게 해야 한다는 속뜻을 가지고 있다.

천릿길도 한 걸음부터라고 했다. 이 말을 경영에 빗대어보면, 큰 사업의 성공도 결국 구체적인 작은 일에서 이루어진다는 의미이다. "경영에는 큰일이란 존재하지 않는다"라는 말도 어느 정도 일리가 있다. 물론 자신만의 분야에 빠져 대부분의 시간을 그 일에만 쓰고 대사업을 이루려는 원대한 이상까지도 잃어버리라는 말은 결코 아니다. 그러면 천하를 휩쓰는 일은 거론조차 어렵게 된다!

동한 시대 인물인 진번(陳蕃)은 "대장부가 세상에 났으면 마땅히 천하를 휩쓸어야 할진데 어찌 집안에 머무르겠느냐"라는 관점을 가지고 있었다. 이는 그가 가슴에만 품고 있는 큰 뜻에 불과하다. 정말로 천하를 휩쓸려는 기백이 있다면 그 이상을 실현하기 위해 사소한 일, 일상의 작은 일부터 해야만 한다.

젊은이들은 큰일을 이루려는 포부를 가지고 있다. 정신은 칭찬할 만하지만 장사를 해도 밑천이 필요한 것처럼 큰일을 이루려면 능력을 갖춰야 한다. 청년 시절에는 넘치는 힘과 열정을 활용해 착실하게 배우고 능력을 쌓아야 하며, 능력을 쌓기 위해서는 작은 일부터 실천해야 한다. 유가에서는 '수신제가치국평천하(修身齊家治國平天下)'를 강조했다. '수신' 하지 않으면 '제가'도 없다. 또 집안도 다스리지 못하는 자가 무엇을 바탕으로 '치국'을 하고 '평천하'를 하겠는가? 가장 우스운 것은 작은 일은 거들떠보지도 않고 또 큰일을 할 능력도 없는 사람이다. 이런 사람은 제대로 된 제품을 못 만들어낸다. 리더가 되어도 아랫사람을 무시하고 윗사람에게는 아부만 한다. 학자가 되어도 허풍만 떤다. 결론적으로 일을 할 때는 작은 일부터 착실하게 해야 한다.

원칙에 따라 부하직원을 징계하라

나라가 혼란할 때는 법으로 다스려
위아래를 구분하고 민심을 안정시켜야 한다

칭기즈칸은 법치를 특히 중시했다. 그는 군대를 통치할 때도 엄격한 기율과 군령을 통한 법치를 실시했다. 그는 "귀족과 용사와 노얀(관리)들이 법령을 엄격하게 지키지 않고 잘못을 저지르면 동요와 침체가……"라고 말했다.

칭기즈칸은 법을 위반하는 자에 대해서는 엄격하게 처벌하여 장수와 사병들의 본보기로 삼았다. 1202년 타타르족을 정벌할 때, 칭기즈칸의 당숙 알탄, 사촌형 쿠차르, 숙부 다리타이 옷치킨이 군령을 위반하고 전쟁터에서 마음대로 전리품을 약탈했다. 전쟁을 마친 후 칭기즈칸은 그들이 약탈한 모든 전리품을 몰수하라고 명령했다.

칭기즈칸은 어느 날 부대의 기율을 점검하기 위해 작은 실험을 했다. 대칸의 황금 게르에서 금으로 상감한 재갈을 시기 코토코에게 건네며 말했다.

"이것을 영지에 떨어뜨리게."

시기 코토코는 물었다.

"어떻게 하시려는 겁니까?"

"멀리서 지켜보고 있다가 집어가든 안 집어가든 지나가는 사람은 다 잡아오너라."

시기 코토코는 명령을 받고 시키는 대로 행했다.

이튿날 시기 코토코는 칭기즈칸과 함께 다루가치의 게르로 걸어가면서 말했다.

"어제 하루 동안 네 사람이 지나갔지만 단 한 명도 재갈을 줍지 않았습니다."

칭기즈칸은 "그래?"라고 응대하면서 게르 안으로 들어갔다.

칭기즈칸이 다루가치의 의자에 앉고 시기 코토코는 뒤편에 섰다. 그들 앞에 네 명의 병사가 서 있었다.

칭기즈칸은 그중 한 명을 가리키며 물었다.

"너는 땅에 떨어진 재갈을 못 보았더냐?"

"보았습니다."

"귀중한 물건이라는 것을 몰랐던가?"

"알았습니다. 그건 금으로 상감한 것입니다."

"그럼 왜 줍지 않았는가?"

"어떻게 감히. 대법령에서 주운 물건을 주인에게 돌려주지 않는 것 또한 도둑질이라고 했습니다. 도둑질을 하면 참수형입니다."

칭기즈칸은 다른 사병을 가리키며 물었다.

"너는 왜 줍지 않았느냐?"

"저는 이 재갈보다 더 좋은 것을 가지고 있습니다. 나이만족과 전투를 벌인 후 천호장이 저에게 하사했습니다."

칭기즈칸은 세 번째 사병에게 물었다.

"너는? 너도 이것보다 더 좋은 것을 가지고 있는 게냐?"

"아닙니다. 하지만 다음 번 전쟁에서 이것보다 더 좋은 것을 얻도록 하겠습니다."

"좋아, 패기가 있군."

칭기즈칸은 마지막 사람에게 물었다.

"너는?"

"제 것이 아니기 때문에 줍지 않았습니다. 제 것이 아닌 물건을 가져가는 것은 수치스런 일입니다."

"음?"

"주르킨족의 수령 사차 베키의 누케르가 재갈을 훔친 일을 아직 기억합니다. 그때 칸은 대로하시며 가장 혐오하는 것이 도둑질이라고 말씀하셨습니다. 우리가 먹고 입고 쓰고 즐기는 것 모두가 고생스런 노동과 전쟁을 통해 얻은 것이고 피와 땀으로 바꾼 것이라고 했습니다. 도둑질은 땀 한 방울 피 한 방울 흘리지 않고 쉽게 다른 사람이 흘린 피와 땀을 자기 것으로 갈취하는 것입니다. 족제비 같고 까마귀 같은 이런 작자들을 처리하는 방법은 오직 죽음뿐입니다!"

칭기즈칸은 껄껄 웃었다.

"좋아, 시기 코토코, 나는 이천 명이 세 강의 수원을 지키기에는 너무 적지 않을까 걱정했다. 그런데 이렇게 길에 떨어진 물건도 줍지 않는 든든한 후방이 있으니 무엇을 두려워하겠느냐?"

이에 칭기즈칸은 안심하고 금나라에 대한 공격을 준비했다.

칭기즈칸은 대법령을 제정하고 군기를 엄격하게 세움으로써 훗날의 근심을 제거하고 금나라 공격에 대비한 후방 기지를 공고히 했다.

크게는 국가에서 작게는 기업에 이르기까지 적용되는 이치는 모두 같다. 어떤 개혁이든 일단 시작했으면 엄격한 집행부터 실시해야 한다. 기업이건 조직이건 모두 완벽한 기율과 규범이 필요하다. 좋은 규범을 구축하기 위해서는 먼저 범위를 정하고 정력을 집중해서 정돈해야 한다. 예를 들어 점심시간을 한 시간이라고 정했는데도 모두들 질질 끌면서 한 시간 넘게 심지어 두 시간이 지나도 사무실로 복귀하지 않는 경우가 있다. 이 문제에 대해 당신은 여러 가지 규정을 만들 수 있다. 하지만 가장 먼저 규범을 철저하게 준수해야만 하는 이유를 제시해야 한다. 일에 최선을 다하지 않는 것이다. 고객이 상담을 하려는데 사람이 없으면 조직의 이미지가 손상된다. 시간당으로 급여를 받는 사람이나 신입사원에게 좋지 않은 영향을 미친다는 등의 구체적인 이유가 필요하다. 그런 다음 해야 될 일을 알면서도 잘못을 저지르고 회사 규정을 준수하지 않은 사람을 처벌하는 것이다. 이때는 감봉이나 추가 근무 등의 수단을 활용할 수 있으며, 필요할 때는 해고까지도 고려해야 한다. 이렇게 하면 기율이 엄격해져 직원들은 더 이상 직무에 태만하지 않고 건성으로 일을 하지 않는다.

또한 규범을 위반한 사람을 징계할 때는 반드시 규정에 따라야만 한다. 조금의 인정이나 관용도 개입되어서는 안 된다. 이것은 리더의 권위를 세우기 위해 필요한 수단이다. 서양 경제학자들은 이런 처벌 원칙을 '뜨거운 난로의 규칙(Hot-Stove Rule)'이라는 말로 매우 생동감 있게 그 함의를 표현하고 있다.

'뜨거운 난로의 규칙'에서는 부하직원이 규범을 위반했을 때, 달아오른 난로에 손을 대인 것처럼 즉각적이고 뜨겁게 징계한다. 그 특징은 다음과 같다.

(1) 즉각성 : 뜨거운 난로에 손이 닿으면 즉각 손에 화상을 입는다.
(2) 경고성 : 뜨거운 난로는 빨갛게 달아올라 있다. 손을 가져다대면 화상을 입게 될 것이라는 것을 미리 보여준다.
(3) 평등성 : 뜨거운 난로는 지위의 고하나 관계의 친밀성을 가리지 않고 모든 사람에게 일률적으로 적용된다.
(4) 관철성 : 뜨거운 난로는 말한 것은 반드시 실행한다. 단순히 겁을 주는 게 아니다.

결론은 징계를 내릴 때 우유부단하거나 앞뒤를 재다보면 기대하는 만큼의 효과를 얻지 못한다는 사실이다.

당당한 권위를 세워라

윗사람과 함께 있을 때 묻기 전에 먼저 말하지 마라.
윗사람이 질문을 한 후에 적절한 대답을 하라

몽골족은 예로부터 민족 고유의 도덕적 가치관을 가지고 있었다. 그중 가장 기본적이고 중요한 것은 효(孝)이다. 고대 몽골 사회에서 효는 가정과 가문, 부족 사회의 윤리 관계를 규정하는 바탕이었으며, 사회의 기본 관계와 질서를 유지하는 중요한 버팀목이었다. 유목민족은 혈연 관계를 강화하기 위한 수단으로 조상에 대한 관념을 특히 중시했다. 당시 조상에 대한 제사는 종교와 윤리의 이중적 함의를 가진 의식이었다. 『몽골비사』에 나오는 교훈적 구절이나 속담은 조상과 윗사람에 대한 존경과 효도의 중요성을 끊임없이 강조하고 있다. 몽골제국의 창시자 칭기즈칸은 이렇게 선포했다.

"사람에게 효도하고 순종하는 마음이 있다면 하늘이 반드시 알 것이다."

칭기즈칸은 효를 모든 윤리 사상의 최고 위치에 두고 그의 경천

(敬天) 사상과 연계했다.

칭기즈칸은 자녀의 윤리도덕 교육을 매우 중시했다. 그는 "자녀가 아버지의 가르침을 존중하지 않고 동생이 형의 말을 공손히 듣지 않고 지아비가 지어미의 정절을 믿지 않고 지어미가 지아비의 뜻에 순종하지 않고 손윗사람이 아랫사람을 돌보지 않고 아랫사람이 윗사람의 훈계를 받아들이지 않는" 모든 행위에 반대했다. 그리고 부모와 손윗사람을 존경하고 부모와 윗사람의 가르침에 따르라고 주장했다. 그는 장유유서의 필요성을 느끼고 이렇게 말했다.

"윗사람 앞에서는 묻기 전에 먼저 말해서는 아니 되며, 윗사람이 물은 후에 적절한 대답을 해야 한다."

칭기즈칸 스스로도 어머니 후엘룬을 존경하고 사랑했다. 그는 어려서부터 어머니가 낡은 옷을 입고 오난강 가에서 과일을 따고 풀뿌리, 파, 부추를 캐서 고생스럽게 자식들을 키우는 모습을 지켜보며 어머니의 깊은 정을 깨달았다. 어느 정도 자란 후에는 동생들과 물고기를 잡고 사냥을 해서 생계를 꾸려나가며 어머니의 부담을 최소한도로 줄였다.

1178년 삼성(三姓) 메르키드족이 습격해왔을 때, 칭기즈칸은 먼저 어머니를 동생들과 함께 말에 태워 보르칸 성산으로 피신시키느라 아내 부르테가 메르키드족에게 잡혀가고 말았다.

칭기즈칸은 어머니에게 많은 관심과 존경을 표시했다. 1180년 가을, 칭기즈칸은 자모카에게 몸을 의탁하고 자모카의 주둔지 코르코낙 초원에서 생활하다가 얼마 후 어머니와 동생들을 맞이하러 갔다. 1182년 초여름에 칭기즈칸이 자모카와 헤어질 결심을 했을 때, 먼저 어머니의 의견을 여쭈었다. 훗날 칭기즈칸은 적진에서 구출한 구추, 쿠쿠추, 시기 코토코, 보로골 4명의 사내아이를 어머니의 양자로 입적시켜 만년의 고독을 달래도록 했다. 1206년 몽골 건국 이후 칭기즈칸은 어머니와 동생 테무게에게 일만호의 백성을 하사하고 구추, 쿠쿠추, 종쇼이, 코르코손 네 사람을 보좌대신으로 파견했다.

건국 후 무당 쿠쿠추(무당 쿠쿠추와 베수드 목초지에서 데려다 키운 쿠쿠추는 동명이인임)가 칭기즈칸과 카사르를 중간에서 이간질했다. 칭기즈칸은 카사르가 왕권을 찬탈할 수도 있다는 말을 듣고 마음이 초조해져 한밤중에 카사르를 체포하여 심문했다. 후엘룬이 이 소식을 듣고 즉각 칭기즈칸에게 달려가 형제의 정도 모르는 놈이라며 꾸짖었다.

"카사르가 무슨 죄가 있느냐? 골육상잔이라도 하려는 게냐?"

칭기즈칸이 나직하게 대답했다.

"어머님 진정하십시오, 어머님 진정하십시오."

"나는 못한다!"

후엘룬은 눈물을 흘렸다.

"카사르는 너 때문에 이리저리 쫓겨 다녔고, 너를 위해 전쟁터에서 싸우다가 구사일생으로 살아났다. 카사르 덕에 오늘의 네가 있지 않느냐! 지금 너는 칸이 되어서 아우를 용납하지 못하는 게 당연하단 말이더냐!"

칭기즈칸은 모친의 노기가 가라앉기를 기다렸다가 눈물을 흘리며 사죄했다.

"어머님, 당신의 가르침을 듣고 아들이 그 죄를 알게 되었습니다. 저는, 저는 연로하신 어머님이 아들 때문에 걱정하고 마음쓰는 일이 없도록 하겠습니다."

그리고는 카사르를 풀어주었다.

"윗사람과 함께 있을 때 묻기 전에 먼저 말하지 마라. 윗사람이 질문을 한 후에 적절한 대답을 하라"라는 말은 윤리 도덕에 관한 내용을 담고 있지만, 현대 기업 경영에도 적용될 수 있다. 리더는 직원들에게 상하가 유별하다는 것을 가르치고 리더에게 경외심을 갖도록 만들어야 한다. 리더는 직원들 앞에서 권위가 있어야 한다. 그래야 부하직원들이 마음에서 우러나서 기꺼이 당신의 명령과 지시에 따르고 당신이 기대하는 목표를 완수할 수 있다.

권위는 리더가 드러내는 품위와 능력, 지식, 정감 등을 포함하며, 조직에 발휘되는 일종의 비권력적인 영향력이다. 사람들은 리더의 권위를 '말 없는 호소이자 소리 없는 명령'이라고 표현한다. 권위를 세우는 일은 쉽지 않지만, 분명 참고할 만한 노하우가 있기 마련이다. 당신이 어느 조직의 리더이건 리더가 된 그날부터 말과 행동 모든 면에서 당신의 권위와 위엄을 지켜야 된다는 사실을 명심해야만 한다.

자신의 행동에 책임을 져라

적들은 사람을 죽인 일을 늘 숨긴다.
자신의 살인을 숨기지 않고 솔직히 말하는 자는 친구로 삼을 만하다

　1202년 가을, 칭기즈칸은 타이치오드족을 뒤쫓다가 오난강에서 격전을 치렀다. 격전 중에 칭기즈칸은 타이치오드의 속민 지르고 아다이가 쏜 화살에 목을 맞아 피가 멈추지 않았다. 전우 젤메가 구조해준 덕분에 죽음의 위기에서 벗어날 수 있었다. 타이치오드족을 격퇴한 후 칭기즈칸은 포로들을 훑어보며 큰 소리로 물었다.

　"타이치오드에는 활을 잘 쏘는 자가 있는데 그가 내 전마를 쏴 죽였고, 나의 장수 보오르초도 목숨을 잃을 뻔했다. 어제는 또 내 목을 명중시켰다……."

　수베에테이가 소리쳤다.

　"그 뻔뻔한 자식이 어디 있는지 말하라!"

　"나 여기 있소!"

　두 손을 묶인 지르고아다이가 칭기즈칸 앞으로 걸어 나왔다. 모칼리, 수베에테이 등이 칼을 뽑아들자 칭기즈칸이 손을 들어 제지

했다.

"대칸의 말을 쏴 죽이고 장수 보오르초를 죽일 뻔 한 것도 나요. 어제 전투에서 칸의 목을 쏜 것도 나요."

지르고아다이는 숨김없이 사실대로 대답했다.

"대칸이 저를 죽이면 내 피는 한 줌의 흙을 더럽히게 될 것입니다. 그래도 전혀 원망하지 않겠습니다. 만약 저를 죽이지 않는다면 저 지르고아다이는 영명하신 칸을 위해 깊은 물이라도 건너고 단단한 바위라도 쳐부수겠습니다. 저의 생사는 칸의 결정에 달려 있습니다!"

"사실을 숨기지 않고 당당하게 밝히다니, 과연 사내대장부로구나!"

칭기즈칸은 화를 내지 않고 오히려 기분이 좋아 엄지손가락을 치켜세웠다. 누군가 그를 두둔하며 말했다.

"대칸, 지르고아다이의 화살은 백발백중인데 딱 두 발이 빗나갔습니다!"

사람들은 크게 웃었다. 칭기즈칸이 말했다.

"사람을 죽인 적들은 언제나 죄를 숨기고 털어놓지 않는다. 사람 죽인 일을 숨기지 않고 솔직히 말하는 사람은 친구로 삼을 만하다. 화살촉을 몽골어로 '제베'라고 하니, 이제 네 이름을 제베라고 부르리라. 오늘 이후 너는 내 수중의 제베다. 한 발자국도 내 곁을 벗어나지 말고 나와 함께 적들을 물리치고 천하를 정복하자!"

지르고아다이는 뜨거운 감동의 눈물을 글썽였다.

"제베는 오로지 대칸의 명령만을 따르겠나이다!"

칭기즈칸은 제베가 쏜 화살에 목을 맞아 피가 멈추지 않는 깊은 상처를 입고 거의 목숨을 잃을 뻔 했지만, 전혀 개인적인 은원을 따지지 않았다. 제베의 말 속에서 그의 큰 포부와 당당한 행동을 읽어내고 충성스럽고 의로운 병사임을 알아보았다. 칭기즈칸은 넓고 큰 도량으로 제베의 죄를 사하고 그를 심복으로 삼았다. 훗날 제베는 칭기즈칸의 휘하에서 가장 뛰어난 장수 중 한 명이 되었다.

제베는 뛰어난 활솜씨를 지녔고 칭기즈칸은 제베처럼 뛰어난 인재를 소중히 여겼다. 하지만 칭기즈칸이 더욱 중요하게 생각했던 것은 제베의 성실함과 신뢰성, 자기가 한 일에 대해 책임을 지는 품성이었음을 알아야 한다. 오늘날 많은 대기업들이 책임감을 직원들이 갖춰야 할 가장 중요한 기본 소양 중 하나로 보고 있다. 레노보그룹의 훌륭한 직원의 3대 기준 중 하나가 '책임감을 가질 것- 직책 범위 내의 일은 대담하게 결정을 내리고 과감하게 책임진다. 발생한 문제에 대해서는 책임을 전가하지 않는다' 이다.

모든 기업주들이 용감하게 책임을 질 줄 아는 직원의 가치를 잘 알고 있다. 문제가 발생한 후 책임을 미루거나 핑계를 댄다고 해서 부족한 책임감을 숨길 수 있는 것은 아니다.

책임감이 몸에 배면 문제가 발생해도 용감하게 떠맡고 개선할 생각을 하게 된다. 황급하게 책임을 미루고 그것을 책임 범주 바깥에 두면 기업과 고객의 이익을 해치는 동시에 본인도 해를 입게 된다. 기업주는 책임을 회피하는 게 습관이 된 직원은 믿을 수 없기 때문에 자신의 측근에 두기를 꺼려한다.

자신의 행동에 대해 책임을 지고 회사와 사장에 대해 책임을 지고 고객에 대해 책임을 지는 직원이야말로 기업주가 가장 좋아하는 직원이다. 또 이런 직원만이 회사 내에서 성장할 수 있다. 책임은 총대를 메고 자발적으로 일을 성사시키는 것이다.

사회학자 마이크 데이비스(Mike Davis)는 말했다.

"사회에 대한 자신의 책임을 방치하는 것은 이 사회에서의 더 나은 생존 기회를 방치하는 것을 의미한다."

책임을 방치하거나 자신의 책임을 경시하는 것은 자유롭게 통행할 수 있는 길 위에 스스로 장애물을 만드는 것과 같으며 넘어져 다치는 것도 오직 자신뿐이다.

1920년, 열한 살 된 남자아이가 축구를 하다가 실수로 이웃집 유리창을 깨뜨렸다. 이웃은 그에게 12달러 50센트를 물어내라고 했다. 당시로서는 달걀을 낳을 수 있는 암탉 125마리를 살 수 있는 큰돈이었다. 대형 사고를 친 이 아이는 아버지에게 잘못을 털어놓았고, 아버지는 아이에게 잘못에 대한 책임을 지라고 말했다. 아이는 곤란한 듯 대답했다.

"제가 물어줄 돈이 어디 있어요?"

아버지는 12달러 50센트를 꺼내면서 말했다.

"이 돈을 너에게 빌려주겠다. 하지만 1년 후에는 꼭 갚아야 한다."

그때부터 이 아이는 힘든 아르바이트를 시작했다. 반년 동안 노력해서 마침내 12달러 50센트라는 큰돈을 벌어 아버지에게 갚았다.

이 남자아이가 훗날 미국 대통령이 된 로널드 레이건이다. 그는 이 일을 회고하면서 육체적 노동을 통해 책임이 무엇인지 깨닫게 되었다고 말했다. 자신의 책임은 자신이 져야 한다. 당신이 어떤 일을 하건 진지하고 용감하게 책임을 진다면, 당신이 하는 모든 일은 가치가 있고 당신도 존중과 경의를 받을 것이다.

용감하게 책임질 줄 아는 사람만이 더 큰 사명을 부여받고 더 많은 영예를 얻을 자격이 있다.

자발적으로 더 많은 책임을 받아들이는 태도는 성공하는 사람이 필수적으로 갖춰야 할 덕목이다. 설사 어떤 일에 대해 책임을 지라는 명령을 정식으로 받지 않았다 해도 그것을 잘 해내기 위해 노력해야만 한다. 만약 그 일을 감당할 수 있는 능력을 보인다면 책임과 함께 보수가 따라오기 마련이다.

충성심은 직원의 미덕이다

주인을 배반하지 않는 사람이 맡은 일도 충실하게 완수한다

칭기즈칸은 충성심이 뛰어나고 믿음직스러우며 각종 재능을 가진 현명한 인재들을 등용했다. 여기서 '현명함'이란 우선 충성심과 신뢰가 바탕이 되어야 하고 그 다음이 재능이라고 그는 생각했다. 비록 천부적인 재능이 있다고 해도 충성스럽지 못하고 믿을 수 없다면 곁에 두지 않았다.

타이치오드족의 타르고타이는 암바가이 칸의 직계 후손이었으며, 칭기즈칸 부자와 칸의 자리를 다툰 정적이자 경쟁 상대였다. 또한 예수게이가 사망한 후 칭기즈칸 일가에 온갖 재난을 몰고 온 장본인이기도 했다. 이런 타이치오드족을 전멸하여 몽골 각 부족 통일의 거대한 장애물이 제거됐으며, 타르고타이 수하의 제베, 나야아 등 몇 명 장수는 충정과 재능으로 칭기즈칸이 천하를 정복하는 데 큰 도움을 준 일대 영웅이 되었다.

타르고타이는 이기적이고 잔혹하고 탐욕적이었다. 나야아가 전쟁에 패배한 그를 안전한 곳에 버려두고 떠나려 하자, 타르고타이는 말했다.

"나는 너의 수령이다. 네가 어떻게 이럴 수가 있느냐!"

"만약 당신이 나의 수령이 아니었다면 살려주지도 않았을 거요. 이제 칭기즈칸의 포위망을 벗어났으니 스스로 몸을 지키시오. 나는 충성을 바칠 가치가 있는 칭기즈칸을 찾아갈 것이오!"

나야아는 이렇게 말하고는 말을 재촉해 떠났다. 타르고타이의 또 다른 수하 투두엔은 자신의 목숨을 보존하기 위해 수령인 그를 죽이고 목을 칭기즈칸에게 들고 갔다.

모칼리가 칭기즈칸에게 타이치오드 사람 두 명이 타르고타이에 관한 중요한 정보를 가지고 칸을 만나러왔다고 보고했다. 칭기즈칸은 두 사람을 안으로 불렀다.

칭기즈칸이 물었다.

"나를 만나고 싶다고 했다는데 무슨 일이냐?"

나야아가 머뭇거리며 말했다.

"죗값을 치르러 왔습니다!"

투두엔은 신이 나서 말했다.

"상을 받으러 왔습니다!"

칭기즈칸은 호기심이 발동해 두 사람을 유심히 지켜봤다.

"뭐라? 그럼 죄를 지은 자가 먼저 말해보아라. 무슨 죄를 지었더냐?"

나야아는 자신이 타르고타이를 놓아준 경위를 사실대로 털어놓았다.

"타르고타이의 부족민이 하나둘 그를 떠날 때, 키야트 대군의 포위를 벗어나도록 제가 도와줬습니다."

"그래? 타르고타이에게 그렇게 충성스러웠던 네가 어찌 또 나의 휘하로 들어오려고 하느냐?"

"타르고타이는 저의 충성을 몰라줬습니다. 제가 그를 구해준 것은 한때 주인이었던 사람을 배신하고 싶지 않았기 때문입니다. 대칸, 당신은 모든 사람이 경모하는 초원의 영웅이십니다. 그래서 죽음을 무릅쓰고 이렇게 찾아왔습니다."

칭기즈칸은 자리에서 일어나 나야아 쪽으로 다가가서 주위를 빙빙 돌며 별안간 물었다.

"네 이름이 뭐라고?"

"나야아입니다."

"소달구지를 거꾸로 끈다는 그 나야아란 말이냐?"

"대칸, 송구스럽습니다."

"나와 타르고타이가 불구대천의 원수인 것을 모르느냐?"

"압니다."

"안다니 다행이구나."

칭기즈칸은 자리로 돌아가서 나머지 한 사람에게 말했다.

"상을 받으러 온 자의 말도 한번 들어보자꾸나."

투두엔은 부댓자루를 열고 득의양양해서 말했다.

"칸, 보십시오, 이것이 타르고타이의 머리입니다!"

칭기즈칸은 어리둥절해졌다.

"그래? 나야아, 봐라, 타르고타이의 머리가 맞느냐?"

"보지 않겠습니다."

칭기즈칸은 또 다시 어리둥절해졌다. 칠라온을 불러오도록 명령해서 타르고타이의 머리가 맞는지 확인시켰다. 틀림없는 타르고타이의 머리임이 확인되자 칭기즈칸은 매우 흥분했다.

"음, 큰 공을 세웠구나. 네 이름이 뭐냐?"

투두엔은 순간 가문을 스스로 밝힐 수가 없었다.

"저는……."

칠라온이 투두엔를 알아보고 말했다.

"투두엔! 네가 타르고타이를 죽였다고?"

투두엔은 상황이 여의치 않음을 깨닫고 당황해서 이리저리 말을 둘러댔다.

"30년 전, 타르고타이의 협박에 못 이겨 후엘룬 부인과 칸의 형제들을 떠났습니다. 타르고타이는 망나니였습니다. 그래서 이 가증스러운 나야아가 타르고타이를 놓아줄 때 제가 그를 붙잡아서 죽였습니다. 칸과 후엘룬 부인과 예수게이 수령을 대신해서 원수를 갚았습니다. 오늘의 공로를 헤아리시어 부디 용서하시고 죽이지 마소서."

칭기즈칸은 화가 극도로 치밀어올라 오히려 웃음이 났다. 그는 짐작하기 어려운 어투로 말했다.

"투두엔, 어떻게 되었든 간에 나는 너를 죽여야겠다. 하지만 이는 타르고타이를 도와 나를 죽이려 했기 때문이 아니라 너는 한때 너의 수령이었던 나의 부친을 배반했고, 또 이번에는 현재의 주인인 타르고타이를 배반했기 때문이다. 초원의 규칙에 따라 주인을 배반하는 자는 살려둘 수 없다!"

칭기즈칸은 투두엔을 끌고 나가도록 명령했다.

칭기즈칸은 몸을 돌려 나야아에게 말했다.

"너는 내 신변을 지키는 누케르로 임명하노라."

몽릭은 이해할 수 없었다.

"대칸, 저놈은 칸과 불구대천의 원수를 도왔습니다. 저런 놈을 신변에 두다니 해가 미칠까 두렵습니다."

"아니, 주인을 배반하지 않는 사람은 맡은 일도 충실하게 완수한다."

칭기즈칸은 확신을 가지고 말했다.

"타르고타이도 배반하지 않은 자인데, 어찌 나에게 충성하지 않겠소?"

나야아는 감격해서 이마를 땅바닥에 조아리고 거듭 감사했으며 죽을 때까지 칭기즈칸을 따르겠다고 맹세했다.

사람을 판단하려면 재능을 봐야겠지만 동시에 성격도 파악해야 한다. 하지만 한 사람의 성격을 파악한다는 건 그의 재능을 아는 것보다 훨씬 어렵다. 왜냐하면 재능은 서로 같을 수가 있지만 성격은 절대 같지 않기 때문이다. 사람의 성격을 파악하기 위해서는 다양한 방법으로 시험해보고 검증해야 한다.

칭기즈칸은 나야아가 주인을 배신하지 않은 것을 통해 모든 일에 충실할 것이라고 판단하고 파격적으로 자신의 누케르로 임명했다.

오늘날, 기업주가 가장 필요로 하는 것은 직원의 충성이다. 국가가 가장 필요로 하는 사병의 품성 역시 충성이다. 조지 패튼(George S. Patton) 장군은 이렇게 말했다.

"충성은 한 치의 모자람도 없는 집행이다. 임무에 대해 그 어떠한 사심도 잡념도 없는 인재는 잠시도 지체하지 않고 즉각 임무를 수행한다. 사람은 충성도가 높을수록 집행력도 높아진다."

충성은 회사나 개인에 대한 맹목적인 복종이 아니라 직업에 대한 일종의 책임감이자 프로 정신이다. 또 충성은 일종의 사회적 미덕이며, 충성스러운 사람은 사업을 성취하기도 쉽다. 토머스 제퍼슨(Thomas Jefferson)은 말했다.

"성공하는 사람은 과감하게 시도하고 용감하게 책임지는 사람이다."

만약 스스로의 인격을 진심으로 믿고, 또 스스로를 성실하고 신뢰할 수 있고 온화하고 선량하고 신중한 사람이라고 확신한다면 마음 깊은 곳에서 비범한 용기가 생겨나고, 당신에 대한 타인의 견해를 전혀 두려워하지 않게 될 것이다. 그렇다면 충성은 어떤 작용을 할까?

영국 버진(Virgin)그룹 회장 리처드 브랜슨(Richard Branson)은 말했다.

"충성은 모든 단계에서 주도적인 위치를 점하고 있다. 충성스런 직원은 충성스런 고객을 만들어낸다. 충성스런 고객은 또 주주들을 끌어 모은다. 이는 오늘날 기업을 효율적으로 운용하기 위한 관건이 바로 충성의 기교와 충성스런 관계 구축임을 설명하고 있다."

충성에 대한 인식과 관련해 사람들은 다양한 관점을 가지고 있는

데, 다음 세 가지가 가장 대표적이다.

(1) 충성은 직원의 특징이다.

충성은 직원들에게 자아에 대한 만족감을 주며 스스로를 존중하게 만든다. 또한 충성은 직원들의 정신적 힘이며, 무의식중의 자아를 통제하고 장악하는 힘이다. 충성은 우리를 부와 명예의 세계로 이끈다.

(2) 충성과 노력은 일심동체다.

충성은 삶의 윤활유다. 충성스러운 사람은 번뇌가 없으며 급격한 정서적 동요로 인해 곤혹해 하지도 않는다. 충성스러운 사람은 삶의 항로를 굳건하게 지킨다. 배가 침몰하는 순간에도 울려 퍼지는 교향악을 들으며 돛대 끝에 매달린 깃발과 함께 침몰하는 영웅이 된다.

(3) 충성은 인류의 가장 중요한 미덕이다.

모든 직원들이 회사에 충성하고 사장에게 충성하면서 한 배를 탄 심정으로 동고동락하면 단결된 조직의 역량이 발휘된다. 삶은 더욱 충실해지고 더 큰 사업상의 성취를 얻게 되며 일을 즐기게 될 것이다. 반대로 겉과 속이 달라 그 말을 믿을 수 없는 사람은 하루 종일 서로 속고 속이는 인간 관계 속에 빠져 지낸다. 상하 관계와 동료 관계에서 각종 권모술수를 부리는 사람은 순간적인 성공을 거둘 수 있을지 모르지만, 일도 인생도 결코 이상적이지 않고 결국에 상처 입는 것은 자신뿐이다.

사장이 평사원에게 요구하는 것은 책임감이다. 중간 간부는 책임감과 함께 진취성이 있어야 한다. 고위 간부에게 가장 중요한 것은 회사 가치관에 대한 정체성이며 회사와 함께 발전하겠다는 사업적 마인드가 있어야 한다. 그래서 직책이 높으면 높을수록 충성도에 대한 요구도 점점 더 높아진다. 마찬가지로 충성도가 높으면 높을수록 승진의 가능성은 더 커진다.

충성은 말로만 하는 것이 아니라 반드시 실천이 필요하다. 당신은 회사에 충성을 다하는가? 사장에게 충성을 다하는가? 당신의 충성을 어떻게 증명할 수 있을까? 어려울 때 진심이 드러나듯 기업이 위기에 봉착했을 때가 곧 직원의 충성도를 검증할 수 있는 시기다. 그렇다고 기업이 늘 위기에 처해 있을 수만은 없는 법이고, 성장기에는 어떻게 직원의 충성도를 검증할 수 있을까? 그래서 사장들은 일부러 위기를 만들고 직원들을 괴롭힐 방법을 생각해내기도 할 것이다.

한 여성이 월마트의 이익분배제도(Profit Sharing Plan) 실시 소식을 듣고 크게 기뻐했다. 그녀의 이름은 존 켈리, 월마트 본사의 직원으로 클레임을 담당했다. 그녀는 20세 때 월마트 25호 분점에 입사한 고참 직원이었다. 처음 일을 시작했을 때 그녀의 오빠는 월마트를 그만두라고 설득했다. 그는 동생이 월마트가 아닌 다른 회사로 가면 더 많은 월급을 받을 수 있을 거라고 생각했다. 그렇지만 존은 월마트에 남았고, 회사 이익분배제도의 혜택을 누렸다. 1991년, 그녀의 이윤 분배액은 22만8천 달러로 늘어났다. 존은 오빠의 권유를 듣지 않고 자신의 생각을 고수하여 기쁜 마음으로 월마트에 충성을 불살랐다. 존은 자신의 경험을 통해 회사에 충성하면 충성한 만큼 보상의 대가가 돌아온다는 소박한 진리를 깨달았다.

충성은 입으로 하는 것이 아니다. 기업 경영의 모든 구성원 중 기업주가 부담해야 할 리스크가 가장 크다. 기업이 파산하면 직원들과 간부는 다른 일자리를 찾으면 된다. 하지만 사장은 건물에서 뛰어내려야 할 판국이다. 그래서 많은 기업주들은 직원의 충성도를 중시한다. 하늘이 큰 임무를 내릴 때는 먼저 마음을 괴롭히고 육체를 고달프게 한다고 했다. 당신의 사장은 끊임없이 당신을 시험한다. 이것은 어쩌면 당신을 중시하고 있다는 신호일지도 모른다.

마음에서 저절로 우러나온 행동이든 아니면 사장의 시험에 의한 것이든, 충성을 위해서는 감정과 행동이 뒤따라야 한다. 당신은 헌신함으로써 보상을 받게 될 것이며, 이것이 소위 말하는 고진감래이다. 무엇인가를 얻기 위해서는 반드시 먼저 줘야 한다. 먼저 풍성한 보수를 받은 후에 노동의 이행 여부를 결정하겠다는 생각은 버려라.

사람들은 정직하고 성실하면 가난에서 벗어나지 못하고, 오히려 거짓된 사람이 성공과 명예를 가져간다고 생각한다. 이는 잘못된 생각이다. 불성실한 사람도 남들이 가지지 못한 미덕을 가지고 있을 수 있고, 성실한 사람도 남들에게는 없는 나쁜 습관이 있을 수 있다. 성실한 사람은 성실함에 대한 상을 받는 동시에 나쁜 습관에 대한 벌도 받는다. 불성실한 사람도 마찬가지로 고통과 쾌락을 동시에 느끼게 될 것이다. 당신이 타인을 위해 한 푼을 지불하면 그도 당신에게 한 푼의 의무를 지게 된다는 사실을 명심해야 한다. 만약 당신이 진심으로 당신의 사장을 대한다면 그도 진심으로 당신을 대할 것이다.

충성은 일종의 책임감이자 자신의 일에서 보여주는 프로 정신이다. 자주 이직을 한다고 해도 자리를 지키고 있을 때만큼은 자신이 하고 있는 일에 대해 최고의 충성을 보여줘야 한다.

절대 술에 취하지 말라

술에 취한 사람은 귀머거리나 소경과 같으며
마음에 주인이 없어 하는 일마다 실패한다

칭기즈칸은 자녀들과 장수 및 부하들의 교육에 힘썼다. 말을 통한 교육과 행동을 통한 교육을 모두 중시하여, 늘 자신이 몸소 겪은 경험과 주변 장수들의 경험을 예로 들며 자녀와 부하들을 교육했다. 실제 사례를 통한 생동감 있는 비유와 적절한 인용에 매우 뛰어났고, 후세에 전하는 고귀한 가르침을 많이 남겼다.

특히 칭기즈칸은 장수들에게 술을 절제하라고 간곡하게 부탁했다.

"술에 취한 사람은 아무것도 보지 못하는 소경과 같고, 소리쳐 불러도 듣지 못하는 귀머거리와 같으며, 말을 걸어도 대답하지 못하는 벙어리와 같다. 술에 취한 사람은 곧 죽을 사람처럼 보인다. 똑바로 앉고 싶어도 바로 앉지 못한다. 정신이 마비되고 뇌에 손상을 입은 사람과 같다. 술은 백해무익하다. 지혜와 용기를 키우지도 못하고 선행과 미덕도 불러오지 못한다. 술에 취했을 때 사람들은 살인과 싸움 등 나쁜 일만 저지른다. 술은 사람의 지식과 재주를 앗아가고 앞으로 나아가는 길과 대업에 큰 장애가 된다. 그는 나아 갈 길을 잃어버려 음식과 식탁보를 불 속에 던지고 물 속에 빠뜨린 다. 나라의 군주가 술을 즐기면 대사를 주재할 수도 없고 중요한 법령과 훈계를 내릴 수도 없다. 장수가 술을 즐기면 십호, 백호, 천호를 통솔할 수 없다."

그는 또 이렇게 말했다.

"제왕과 장수가 과도한 음주를 즐기면 건강을 해치고 부하도 통솔할 수 없어 대업을 그르친다. 백성이 술을 즐기면 말과 가축과 모든 재산을 잃고 거지가 된다. 관리가 술을 즐기면 운명이 끊임없이 그를 괴롭히고 근심 걱정에 휩싸이게 만든다…… 술은 손을 마비시켜 물건을 잡는 능력과 동작의 민첩함을 앗아간다. 술은 다리를 마비시켜 행동과 보행을 불가능하게 만든다. 술은 마음을 마비시켜 건전한 사고를 할 수 없게 만든다. 술은 모든 감각 기관과 사유 기관을 손상시킨다. 술을 절제할 수 없다면 한 달에 세 번만 맘껏 마셔라. 세 번을 넘어서면 내가 말한 잘못을 저지르게 될 것이다. 전혀 술을 마시지 않는다면 그 이상 좋은 것이 없다. 하지만 어디에서 이런 사람을 찾을 수 있겠는가? 만약 이런 사람을 찾는다면 그는 마땅히 존중받아야 한다!"

예로부터 술을 마신 다음 어떻게 행동하는가를 보고 그 사람의 인품을 판단했다. 『시경(詩經)』에도 "성인을 본받아 규칙을 준수하고 사리에 통달할 수 있다면 술을 마신 후에도 평소와 같은 성정을 유지할 수 있다"라는 구절이 있다. 제갈량도 "술에 취하게 한 후 성품을 살핀다"라고 말했다. 술은 중추신경을 마비시키고 사람을 걷잡을 수 없이 방탕하게 만든다. 술을 마신 후에 맨정신을 유지하기란 매우 어렵다. 술은 일을 그르칠 수 있으며, 술에 취하게 되면 정신이 흐릿하게 되고 일에 순서와 조리가 없다. 그리하여 작게는 스스로를 망치게 되고 크게는 나라를 망치게 된다. 그래서 칭기즈칸은 장수들에게 술을 절제하고 한 달에 세 번을 넘어서지 말라고 훈계했다.

역사적으로 술 때문에 나라를 망친 사례는 비일비재하다. 진(陳) 후주(後主)는 날이 갈수록 오만방자해져 적국의 위협에도 아랑곳하지 않고 주색에 빠져 조정을 돌보지 않았다. 아리따운 옷으로 치장하고 교태를 부리는 시녀를 천여 명이나 두었으며, 음주가무를 즐기는 데 편리하도록 궁궐도 끊임없이 수리했다.

수(隋) 문제(文帝)가 강을 건너 진나라를 공격해오는 순간에도 후주는 정신을 못 차리고 "왕기(王氣)가 여기 있으니 적들은 자멸할 것이다"라고 큰소리치며 여전히 술독에 빠져 시가를 읊었다. 진나라는 결국 수나라 군대에게 멸망당하고 진 후주도 장안(長安)으로 끌려갔다. 그는 사면을 받은 후에도 향락에 빠져 본국으로 돌아갈 생각은 하지 않은 채 꿈속을 헤맸다. 수 문제가 탄식하며 말했다.

"숙보(叔寶)는 늘 술에 취해 제정신일 때가 거의 없었다. 그가 패망한 것이 어찌 술 때문이 아니겠는가? 우리 군대가 강을 건너 성 아래까지 쳐들어갔을 때 밀서를 지니고 궁중으로 가 화급함을 알리는 사람이 있었는데도 그는 술을 마시느라 뜯어보지도 않았다. 아! 이는 하늘이 진나라를 망하게 한 것이다."

진 후주는 주색에 빠져 나라를 망쳤다. 술은 신경을 마비시켜 사고력과 판단력을 크게 떨어뜨린다. 또 과도한 음주는 신체의 건강을 해칠 뿐만 아니라 되돌릴 수 없는 실수를 일으키기도 한다.

현대 사회에서 직원들 간의 회식, 업무상 접대 등 먹고 마시는 술자리를 피해가기가 어렵다. 이때 술은 꼭 마셔야겠지만 적당한 수준에서 그쳐야 한다. 흉금을 터놓고 한껏 마실 때도 절대 술에 취해 흐트러져서는 안 된다. 술을 마실 때는 기분이 들뜨고 술에 취한 후에는 과도하게 흥분하게 된다. 하지만 술이 깬 후 생각해보면 후회막급이다. 그래서 현명한 사람도 물론 술에 취할 때가 있지만 술자리에서 자제할 줄 알고 이성을 지킬 줄 안다. 술을 마시고 일을 그르치게 되는 것은 술 때문이 아니라 술을 많이 마셔 이성을 잃기 때문이다. 이성적인 판단을 하지 못하면 큰 실수를 저지르게 된다.

강인한 의지력을 길러라

초원이 존재하는 한 몽골인은 생존할 수 있다!

칭기즈칸은 어린 시절 수많은 시련과 고난을 겪었다. 예수게이가 죽은 후 후엘룬 모자는 의지할 곳을 잃고 힘겹게 살아갔다.

예수게이는 생전에 위엄과 명망으로 동족 내 수많은 씨족과 부락을 결속하여 키야트족의 깃발 아래로 집결시켰다. 타이치오드족의 수령(예수게이의 사촌형제)도 예수게이를 정벌 전쟁과 사냥을 지휘하는 수령으로 추대했다. 몽골족에게 있어서 경험과 능력이 있는 수령을 추대한다는 것은 정벌 전쟁과 사냥에 매우 중대한 의의를 갖는다. 그래서 그들은 강력한 힘을 가진 인물을 중심으로 뭉치길 원했다. 하지만 일단 씨족 연맹의 강력한 수령이 세상을 뜨면 연맹은 와해되고 부족들도 자기 갈 길을 걸었다. 예수게이 사후에도 이런 현상이 나타났다.

그때 타이치오드족의 수령 타르고타이는 암바카이 칸 시대에 보유했던 패권을 회복하려고 기도했다. 예수게이 가족에게는 가장이 없었기 때문에 이제 겨우 아홉 살 난 어린아이를 가족의 대표로 삼고 있었다. 타이치오드족의 야심 앞에서 칭기즈칸의 가족은 속수무책이었다. 이듬해 봄 니르운 몽골족이 조상에게 제사를 올릴 때, 타이치오드의 어른이고 암바가이 칸의 부인이었던 우르베이와 소카타이가 제사를 주관했다. 두 여인은 제사를 지내기 위해 사람들을 이끌고 출발할 때 후엘룬 부인을 부르지 않았다. 후엘룬이 도착했을 때 제사는 이미 끝났으며 제사 고기를 나누어줄 때도 후엘룬에게는 주지 않았다.

몽골족의 당시 풍속에 따르면 조상에게 제사를 지낸 후 모든 동족인에게 제물(祭物)을 나누어주었다. 제사에 참석하지 않은 사람도 제물을 받을 권리가 있었다. 만약 제물을 나누어주지 않는다면 이는 몽골 사람임을 인정하지 않고 족보에서 제명하는 것과 마찬가지였다. 결코 웃어넘길 일이 아니었다.

후엘룬이 따지자 우르베이와 타르고타이 등이 그녀를 비웃었다. 칭기즈칸은 마음속의 분노를 억누르지 못하고 타르고타이를 쫓아가 그의 손을 물어뜯었다. 화가 난 타르고타이는 칭기즈칸을 발로 차서 넘어뜨렸다. 칭기즈칸이 사람들에게 물었다.

"왜 아무도 바른말을 하지 않는 거죠?"

사람들이 아무 대답없이 떠나버리자 후엘룬과 식구들만 쓸쓸하게 그곳에 남았다. 그날 밤 우르베이, 타르고타이 등 몇 명이 모여서 타타르족과 메르키드족이 우리에게 보복을 할지 모르니 곧장 이동하기로 결정하고는 후엘룬 일가만 남겨둔 채 떠났다.

콩코탄씨 차라카 노인이 떠나는 사람들을 만류하다가 예수게이를 배반한 누케르 투두엔의 창에 찔려 피를 흘리며 죽었다. 예수게이의 노예와 부락민들도 타르고타이의 협박을 견디지 못하고 뿔뿔이 흩어졌다. 후엘룬은 식구들을 불러 모은 후 눈앞에 닥친 난관을 어떻게 극복할지 의논했다.

"테무친, 너는 장자이고 이 영지를 책임질 사내다. 네 어깨 위에 짊어진 책임을 알아야 한다!"

칭기즈칸이 이를 악물고 말했다.

"알아요. 아무리 힘들어도 꼭 살아남아 아버지의 원수를 갚을 거예요!"

후엘룬은 식구들을 둘러보면서 물었다.

"모두들 동의하느냐?"

모두들 고개를 끄덕였다.

후엘룬이 게르 안으로 들어갔다. 잠시 후 그녀는 화려한 옷을 벗어던지고 수수한 옷차림으로 나왔다. 그녀는 감정이 격앙되어 말했다.

"우리 몽골인이 어디서 왔는지 아느냐?"

그녀는 하늘을 바라보며 가족들에게 몽골인의 기원과 천신만고 끝에 초원으로 이동한 선조들의 이야기를 들려줬다. 칭기즈칸은 이야기를 듣고 깨달은 바가 있었다.

"어머니, 잘 알았습니다. 우리에게 소나 양은 없지만 초원은 그대로 있잖아요. 초원만 있으면 우리는 살 수 있어요! 부락민은 없지만 두 손은 그대로 있잖아요! 마음속에는 원한이 가득하고 어깨에는 무거운 책임이 있으니 반드시 살아남을 겁니다!"

"맞다! 남에게 의지하는 것은 스스로에게 의지하는 것보다 못하다. 스스로 강해져야만 온전하게 일어설 수 있다."

후엘룬은 눈을 들어 끝없는 초원을 바라보며 힘주어 말했다.

"초원은 우리 조상들을 길렀고 또 우리 가족의 후손을 키울 것이다! 테무친, 너는 장자이고 네 아버지의 후계자다. 지금 너는 이곳의 수령이고 훗날 몽골인이 다시 일어선 후에는 대칸이 될 것이다. 너는 너에게 주어진 권력을 행사해야 한다!"

후엘룬이 엄숙하게 선포했다.

"모두들 잘 들어라. 오늘부터 테무친의 말은 최고의 명령이니 반드시 복종해야 한다!"

가문의 부흥이라는 막중한 책임감을 떠안은 그는 자신도 모르게 허리를 곧추 세웠다. 그때부터 그는 가문을 되살리고 몽골을 통일해야 하는 중임을 떠맡게 되었다.

그후 후엘룬은 아이들을 데리고 숲 속으로 들어가 푸성귀를 캤다. 초원에서는 칭기즈칸이 카사르와 함께 말을 풀어놓고 돌보며 말에게 줄 풀을 벴다. 온 가족이 약간의 말 젖과 들에서 캔 푸성귀로 연명했다. 어쩌다 먹는 고기는 들쥐고기뿐이었다. 그들은 그렇게 하루하루 고생스러운 생활을 이어갔다.

타르고타이는 그들이 실컷 고생하다가 죽어버리길 바랐다. 그들이 혹독한 어려움을 이겨내리라고는 상상도 못했다. 그러자 그는 칭기즈칸이 훗날 복수해올까 봐 두려웠다. 그는 화근을 확실하게 뿌리 뽑고 후환을 없애기로 결심했다. 타르고타이는 부족민을 소집하여 칭기즈칸을 철저하게 짓밟았다.

칭기즈칸은 끈기와 고집으로 타르고타이의 공격을 이겨냈다. 칭기즈칸은 험난한 떠돌이 생활을 하면서도 "산이 있는 한 땔감 걱정은 하지 않는다"라는 말을 굳게 믿었다. 초원이 있는 한 모든 것을 얻을 수 있다! 그는 늘 낙관적인 생각으로 불리한 상황을 유리한 상황으로 역전시켰다. 또 가능한 한 모든 역량을 취합하여 통일 대업을 위해 적극적으로 준비했다. 테무친이 훗날 제국을 세우고 위대한 칭기즈칸이 될 수 있었던 것, 천고의 세월 동안 길이 이름을 남길 수 있었던 것은 절대 포기하지 않는 강인함과 변함없는 끈기가 있었기 때문이다.

성공하는 사람과 실패하는 사람의 가장 큰 차이는 '의지력'이다. 강자는 고집스러운 의지로 고난을 이겨내지만 약자는 늘 고난 앞에서 무릎을 꿇는다. 싸우는 과정에는 늘 난관이 존재하기 마련이다. 확고한 의지와 끈질긴 인내 외에 난관을 이겨낼 수 있는 방법은 없다.

사람들은 오매불망 목표 달성을 추구한다. 그래서 당당한 기세로 목표를 향해 돌진하지만, 실제로 성공의 정상에 올라서는 사람은 소수다. 왜일까? 대다수가 목표를 향해 꾸준히 달려가지 못하기 때문이다. 이것이 바로 실패의 주요 원인이다. 또 구체적이고 과학적으로 목표를 세분화하지 않는 것도 실패하는 원인 가운데 하나다.

목표 달성은 결코 쉬운 일이 아니다. 각고의 노력이 필요하다. 또 강인한 의지로 자신을 무장해야 한다. 강인한 의지는 튼튼한 밧줄과 같다. 그 밧줄이 당신의 강점과 시간을 단단하게 옭아매 당신은 밧줄을 끌고 하나의 목표를 향해 달려 나갈 수 있다. 불필요한 낭비를 막고 생명의 가치를 가장 아름답게 실현한다.

의지는 확고함과 끈질김으로 나눌 수 있다. '확고함'은 전심전력으로 목표를 굳게 지키는 것을 가리킨다. 당신이 되고 싶은 인물이 될 때까지, 그리고 당신이 원하던 일을 이룰 때까지 꾸준히 노력하는 것이다. 위험이 몰아닥치거나 달콤한 유혹이 와도 우뚝 솟은 바위처럼 꿈쩍도 않는다.

'끈질김'이란 오랫동안 버틸 수 있는 의지를 말한다. 굴욕을 끝까지 참아내는 것 또한 여기에 포함된다. 월왕(越王) 구천(勾踐)은 치욕을 끝까지 참으며 천천히 힘을 축적하고 시기가 무르익기를 기다렸다가 일거에 대승을 이끌었다. 확고함과 끈질김이 합쳐지면 강인한 의지가 된다.

강인한 품성을 가진 사람은 상사의 신임을 받고 있지 않다고 해서 절대 낙담하지 않는다. 순간의 이해득실 앞에서 일희일비하지 않는 태도는 굳센 마음에서 비롯된다. 강인한 사람은 힘든 노동을 하면서도 힘들다고 생각하지 않고 노동을 기꺼이 받아들인다. 강인한 품성이 뿜어내는 역량은 끝이 없다. 강인한 품성을 잘 조절하고 유도하면 끈기로 바꿀 수 있으며 좌절에 대한 저항력을 높일 수 있다. 강인함이 가진 무한한 역량은 초인적인 인내심과 의지력을 이끌어내고 세상 모든 것을 정복 가능하게 만든다.

그렇다면 회사원들은 어떻게 역경 속에서 강인한 정신을 키울 수 있을까? 아주 간단하다. 자신의 업무 목표와 그에 따른 계획을 세우고 열정을 투입하면 된다. 좌절, 초과 근무 시간, 번거로운 일들을 두려워하지 말아야 한다. 이것이 바로 성공을 향한 유일한 길이다.

언젠가 이런 이야기를 본 적이 있다. 어떤 마을에 넓은 마호가니 숲이 있었다. 그런데 마호가니 나무를 심은 사람이 제때 물을 주지 않았다. 어떤 때는 사흘 건너 한 번, 어떤 때는 닷새 건너 한 번, 어떤 때는 열흘이 지나 겨우 한 번 물을 줬다. 물을 주는 양도 일정하지 않았다. 이를 의아하게 여긴 사람이 이유를 묻자, 그는 웃으며 말했다.

"나무는 몇 주 만에 다 자라는 채소가 아니오. 백년지목을 키우기 위해서는 나무가 스스로 땅 속에서 물을 찾고 뿌리내릴 수 있도록 도와줘야 하오. 내가 물을 주는 것은 비가 내리는 것을 모방한 것이오. 비는 정확하게 예측하기 어렵잖소. 불확실함 속에서 필사적으로 뿌리를 내리고 물을 찾아내야 백년대목으로 자란다오. 만약 내가 매일 찾아와서 정시에 정량의 물을 준다면 나무 묘목은 의타심을 가지게 되어 땅속까지 파고들지 못하고 땅거죽에만 뿌리를 내리게 될 것이오. 또 내가 전혀 물을 주지 않게 되면 나무는 말라비틀어질 것이오. 설사 살아남는다 해도 폭풍우를 만나면 단번에 쓰러지고 말 것이오."

그렇다. 너무 편안하게 자란 나무는 재목이 되지 못한다. 사람도 마찬가지 아니겠는가? 역경 속에서 살아온 사람이 시련도 잘 견뎌낸다. 우리는 역경 속에서 외부의 도움을 청하지 않는 독립적이고 자주적인 마음을 키울 수 있다. 역경 속에서 우리는 환경에 대한 감수성과 지각 능력을 강화할 수 있다. 역경 속에서 우리는 아주 작은 영양분을 거대한 에너지로 전환하는 법을 배우고 열심히 성장해나간다.

　모 회사에 한 중간 관리자가 사장에게 신임을 받았다. 하지만 훗날 어떻게 된 상황인지 갑자기 사장이 그를 냉대했다. 그는 자신이 대체 무슨 잘못을 저질렀는지 몰랐다. 꼬박 일년 동안 사장은 그를 쳐다보지도 않았고 중요한 일을 맡기지도 않았다. 하지만 그는 예전과 다름없이 한결같이 일했다. 그렇게 일년이 지나자 사장이 또다시 그를 중용했다. 그리고 그의 급여도 올려줬다. 동료들은 그의 신념과 인내에 감탄하면서 그가 앉았던 차가운 벤치가 마침내 따뜻한 아랫목이 되었다고 말했다. 그는 사람들의 말을 들은 후 웃으며 말했다.

　"차가운 벤치에 내몰린다 해도 두려울 게 뭐가 있겠나? 인내심을 가지고 앉아만 있으면 저절로 따뜻해지는데."

　역경을 대하는 태도가 당신의 성과를 결정하고 당신을 바라보는 타인의 시선을 결정한다. 일을 할 때 변덕이 심하고 끈기와 의지가 부족한 사람은 아무도 신임하거나 지지하지 않는다. 사람들은 그의 업무 능력을 신뢰하지 않고 언제든 실패할 수 있다는 것을 안다. 그렇게 해서 사람들은 그에게 낙오자의 꼬리표를 달아준다. 그는 영원히 다른 사람의 존중을 받을 수 없으며 당연히 스스로를 존중할 수도 없게 된다. 낙오자의 꼬리표를 떼어내려면 강인한 의지력을 키우는 수밖에 없다. 그러한 의지력만 있다면 당신은 모든 목표를 달성할 수 있고, 또 사람들의 신뢰를 온전히 되돌려놓을 수 있을 것이다. 사람들은 의지가 굳은 사람을 신뢰한다. 의지가 굳은 사람은 시련과 좌절을 겪어도 그것을 이기고 승리를 거둘 수 있다. 설사 실패한다고 해도 절대 좌절하거나 쓰러지지 않는다.

현실에서 가장 필요로 하는 인재는 굳은 의지를 가지고 전심전력을 다해 일에 매진하는 진취적인 기상을 가진 사람이다. 어떠한 조직에서든 가장 뛰어난 사람은 대체로 타고난 능력도 평범하고 고등 교육도 받지 못한 사람들이다. 하지만 그들은 일을 위해 최선을 다하고 영원히 앞으로 나아가려는 진취적 정신을 가지고 있다. 그들은 강한 의지력으로 모든 시련을 극복한다. 얼마나 긴 시간을 견디든, 또 얼마나 큰 대가를 지불하든 강한 의지력은 언제나 그들의 성장을 돕는다.

생명의 법칙은 일정한 궤도가 있거나 완벽하지 않다. 만약에 그렇다면 기계적인 상황을 만들어낼 수 있다. 그것은 곧 말라비틀어져 죽음으로 가는 길이다. 우리는 온실 속에서 일생을 허비해서는 안 된다. 항상 거센 바람에 맞서야 한다. 바람은 우리의 마음을 건강하게 단련시킬 것이다. 역경 속에서 우리는 쉼 없이 스스로를 강하게 만들어야 한다. 역경 속에서 우리는 자신을 충실하게 하고 도전에 맞설 강력한 무기를 준비해야 한다.

성실함은 모든 결함을 보완해주며, 끝까지 포기하지 않고 인내하면 마침내 성공을 거둘 수 있다!

직원들의 독자적인 업무 능력을 키워줘라

매는 혼자서 날아야 날개가 단단해지고
아이는 부모를 떠나야 인생을 배운다

칭기즈칸은 자녀들에게 매우 엄격했다. 그는 옥은 다듬지 않으면 그릇이 될 수 없다고 생각했다. 그래서 어렸을 때부터 무술과 기마를 가르치면서 자녀들의 신체를 단련시켰다.

어느 날 조치, 차아다이, 우구데이, 톨로이 네 형제가 검술을 익히고 있었다. 그들은 두 그루의 어린 나무에 새로 벗겨낸 송아지 가죽을 묶어 과녁을 만들었다. 막내 톨로이가 먼저 말을 타고 달려 나가 칼을 내리쳤는데 가죽 위에 하얀 칼자국만 약간 남았다. 우구데이가 두 번째로 말을 달렸다. 칼을 내리치자 가죽 위에 칼자국이 푹 파였다. 세 번째는 차아다이 차례였다. 그는 자신만만하게 제자리에서 한 바퀴 돈 후 이를 꽉 깨물고 말을 달려 힘껏 칼을 휘둘렀다. 가죽은 단칼에 반쯤 찢겨져 나갔다. 조치가 차갑게 웃으며 준비 동작도 없이 말을 달려 칼을 힘껏 휘두르자, 가죽이 단번에 두

쪽으로 갈라졌다.

차아다이가 돌연 조치를 향해 달려가 칼을 휘둘렀다. 조치도 칼을 들고 맞섰다.

톨로이는 깜짝 놀랐다.

"둘째형, 뭐 하는 거야?"

차아다이는 잔뜩 화가 나서 말했다.

"큰형은 치사한 소인배야! 내가 먼저 가죽을 반으로 잘라냈는데 야비하게 그 위에다 칼질을 했어!"

조치가 따지듯 말했다.

"아니. 나는 그렇게 하지 않았어."

"형이 그렇게 했잖아!"

"안 그랬어!"

우구데이가 옆에서 말렸다.

"싸울 필요가 뭐 있어. 가서 보면 알잖아!"

네 형제는 말에서 내려 가죽을 살폈다. 갈라진 가죽 반쪽에 차아다이가 낸 칼자국이 선명하게 보였다.

"어때? 네가 낸 칼자국 위에 내가 또 칼집을 낸 건 아니지?"

차아다이는 식식거리며 가죽을 내팽개쳤다.

"잠깐! 조치, 네가 잘못한 거야!"

후엘룬이 걸어오면서 말했다. 아이들은 순간 어리둥절해졌다.

"조치, 방금 아주 힘을 많이 썼지?"

"예. 힘껏 내려쳤어요."

"차아다이가 가죽을 반쯤 찢어놨으니 네가 그 위에다가 칼을 내리치면 힘이 훨씬 적게 들지 않겠니?"

"당연하죠. 하지만 전 그렇게 하고 싶지 않아요."

"그래서 네 잘못이라는 거야. 너희들은 형제야, 그렇지? 한 사람의 힘만으로는 금나라와 수많은 적들을 물리칠 수 없어. 하지만 너희 형제가 한마음 한뜻으로 뭉치면 힘이 훨씬 커져. 알았니?"

우구데이는 고개를 끄덕이며 말했다.

"잘 알았어요. 전에 말씀하신 활을 꺾는 것과 같은 이치죠?"

이때 칭기즈칸이 자식들 앞에 나타났다.

"우구데이가 잘 말했구나. 너희 형제들은 이 말을 꼭 기억해라. 너희들이 한마음 한뜻으로 뭉쳐야만 적을 무찌를 수 있다!"

그는 껄껄 웃으면서 말했다.

"너희들은 이제 가죽을 자르는 놀이는 하지 마라. 내가 너희들을 진정한 무사로 훈련시켜주마."

후엘룬이 말했다.

"칭기즈칸, 애들은 아직 어린애들이잖아."

"매는 혼자서 날아야 날개가 단단해지고 아이들은 부모를 떠나야 인생을 배울 수 있습니다. 아이들이 아직 어리다면 말 등에서 키우면 되지 않습니까!"

칭기즈칸이 말을 재촉하며 나가자 아이들도 기뻐하며 따라갔다.

칭기즈칸은 아이들이 스스로 날아오를 수 있도록 일일이 간섭하지 않고 말 위에서 강하게 단련시켰다. 그래서 네 아들은 훗날 혁혁한 전공을 세우고 칭기즈칸의 훌륭한 조력자가 되었다.

기업도 이와 마찬가지다. 경영자가 권한을 이양해 부하직원이 혼

172

자서 업무를 해결할 수 있도록 만들 때 사업은 더욱 번창해진다.

창쟝(長江)부동산에서 창쟝실업으로 전환하던 초기, 모든 빌딩 매매 업무는 리쟈청(李嘉誠)이 혼자서 처리했다. 현재 리쟈청은 업무관리형 리더에서 인력관리형 리더로 변화했다. 그는 "천 명을 지휘하는 것이 백 명을 지휘하는 것보다 못하며, 백 명을 지휘하는 것이 열 명을 지휘하는 것보다 못하며, 열 명을 지휘하는 것은 한 명을 지휘하는 것보다 못하다"라는 말을 굳게 믿었다. 한 사람을 지휘한다는 것은 한 부문의 책임자를 지휘한다는 말이다.

한 사람을 지휘하는 것은 말은 쉬워도 실행에 옮기기 어려운 고도의 용인술이다. 하지만 리쟈청은 더할 나위 없이 능수능란하게 해냈다. 훠졘닝(霍建寧), 저우녠마오(周年茂), 홍샤오롄(洪小蓮)은 창쟝실업의 새로운 삼두마차로 불렸다. 그들은 리쟈청이 신뢰하는 최측근 인재들이었다.

창쟝실업이 국유지 경매에 참여할 때 원래는 리쟈청 혼자서 일을 도맡아했다. 하지만 지금은 거액의 프로젝트만 직접 진두지휘할 뿐이다. 유능한 부하직원 저우녠마오는 외모는 선비 같지만 장군의 풍모를 지니고 있어서 위기 앞에서도 당황하지 않고 뛰어들 것은 뛰어들고 포기할 것은 포기할 줄 알았다. 그러면서도 세세한 부분까지 잘 챙겨서 리쟈청이 마음을 놓았다.

창쟝실업의 삼두마차 중 부동산 책임자 저우녠마오와 재무기획 훠졘닝 외에 빌딩 매매를 담당하는 여걸 홍샤오롄이 있다. 창쟝실업 본사는 직원이 200명도 안 되지만 실제로는 초대형 비즈니스왕국이다. 창쟝실업은 자산 시가가 최고 2,000억 홍콩달러까지 치솟은 적이 있으며, 사업 범위는 전 세계 절반을 넘어섰다. 복잡하게 얽히고설킨 크고 작은 업무가 모두 훙샤오롄에게 집중되어 있다. 젊은 사람은 정력이 왕성하고 업무 효율도 높다. 훙샤오롄이 바로 그런 사람이다. 그녀는 창장실업의 집사처럼 일의 규모와 경중을 막론하고 하나하나 직접 점검했다. 업무 보조사원 채용에서 회의실 음료 준비, 해외 바이어들의 숙박 문제까지 그녀가 모두 관여했다. 그녀가 있었기에 리쟈청은 걱정을 덜 수 있었다.

권한 이양은 부하직원의 적극성을 이끌어낸다. 부하직원은 상사의 권한 이양을 자신의 업무 능력에 대한 긍정과 신임이라고 생각한다. 관리자가 부하직원에게 권한을 원활하게 이양하고 신임하면 자발적으로 일하는 적극성이 생겨나고 독자적으로 업무를 처리하는 능력을 훈련시킬 수 있다. 그들은 상사의 의사결정이 관철되고 실행될 수 있도록 효율적으로 업무를 이끌어갈 것이다. 실제로 어떤 경영자는 권한 이양에 서툴러서 모든 일을 자신이 직접 하지 않으면 마음이 놓이지 않고 하루 종일 잡무에 시달린다. 결과적으로 자신은 종일 여기저기서 터져 나오는 잡무를 처리하느라 지쳐 큰일에 온힘을 집중할 수 없다. 또 부하직원들은 부하직원대로 수동적이고 나태해지기 쉽고 하는 일 없이 하루하루를 대충 때우는 현상이 출현하게 된다.

"만 명을 지휘하는 것이 한 명을 지휘하는 것보다 못하다"라는 리쟈청의 말은 권한 이양과 인재 활용의 기술을 설명하고 있다. 그는 의사결정의 핵심인 간부에게도 대담하게 권한을 넘겨주고 충분한 신임을 보였다. 리쟈청이 업무를 지시하는 스타일은 그물의 벼리를 잡아당기는 식이었다. 벼리를 들어올리면 수많은 그물코가 저절로 따라 올라오기 마련이다. 리쟈청의 사업이 승승장구할 수 있었던 것은 유능한 좌우 수족이 있었기 때문이다. 우리는 그의 사례를 통해 교훈을 얻을 수 있다.

한번 뱉은 말은 주워담지 못한다

말하기 전에 먼저 이렇게 말하는 것이 적절한가 생각을 하라.
진담이건 농담이건 말은 일단 내뱉으면 다시 거두어들일 수 없다

국가와 제도를 구축할 때 리더는 말 한 마디 행동 하나에 신중을 기해야 한다. 말하기 전에 먼저 이렇게 말하는 것이 적절한가 생각해야 한다. 진담이건 농담이건 말은 한 번 뱉고 나면 다시는 주워담을 수 없다. 칭기즈칸은 아주 작은 사건을 통해 이 점을 깨달았다.

어느 날 타타통가와 공부를 하다가 칭기즈칸이 물었다.

"자네는 위구르 문자 같은 이것을 만들어낼 수 있느냐?"

"몽골 문자를 말씀하시는 겁니까?"

"맞아, 바로 그거야. 몽골은 이미 큰 제국이 되었다. 문자가 없어서 되겠느냐? 군령과 법령을 반포하거나 외교를 할 때 입에만 의지하고 끈으로 매듭만 묶어서 되겠는가!"

"대칸의 뜻은 잘 알았습니다. 최근 들어 저도 생각해봤습니다.

현재의 언어로 몽골은 정강이나 군령, 법령 반포는 물론 외교도 안 됩니다."

칭기즈칸이 흥분해서 말했다.

"맞아! 송나라에는 한자가 있고 금나라에는 여진 글이 있다. 서하에는 서하 글이 있고 심지어 위구르 같은 작은 나라에도 문자가 있다. 우리도 대몽골제국을 세우려면 문자가 없어서 되겠느냐! 우리도 우리 문자를 만들어야 한다. 타타퉁가, 나를 대신해서 할 수 있겠느냐?"

타타퉁가는 아주 자신있게 대답했다.

"할 수 있습니다."

"좋아! 미리 고맙다는 말을 해두겠네. 자네는 몽골을 위해 천추만대에 길이 빛나는 큰 공을 세우게 될 것이다."

모두들 활발하게 움직였고, 이에 칭기즈칸은 크게 고무되었다.

"맞아, 내게 국새와 군대 파견 지시를 내릴 때 쓰는 호두패(虎頭牌)와 케식텐(친위대)이 교대할 때 쓰는 부패(符牌)를 새겨다오. 그리고 내 곁에서 한 발짝도 떨어지지 말고 이 일을 책임지고 관장해주게."

그때 시기 코토코가 자못 진지하게 말했다.

"타타퉁가가 대칸에게서 한 발짝도 벗어나지 못하면 어떻게 우리에게 글을 가르칩니까? 또 대칸은 어찌 주무십니까?"

칭기즈칸은 순간 어리둥절했다가 호탕하게 웃음을 터뜨렸고 다른 사람들도 따라 웃었다. 시기 코토코는 오히려 아주 심각했다. 칭기즈칸이 말했다.

"내가 한 발짝도 벗어나지 말라고 한 것은 가까이서 친밀하게 일하라는 뜻이다. 어찌 정말로 한 발짝도 못 떠나겠느냐. 이 어리석은 녀석아!"

시기 코토코는 말했다.

"대칸의 모든 말은 몽골인에게 법이자 명령입니다. 한 글자도 소홀히 해서는 안 됩니다."

당황한 칭기즈칸은 시기 코토코를 다시 보게 되었다. 최고 위치에 있는 대칸의 말 한 마디 행동 하나가 모두 백성들에게 영향을 미친다. 그러므로 항상 신중에 신중을 기하고 여러 측면을 두루 살펴야 한다. 한 번 내뱉은 말은 다시는 주워담을 수 없다. 판단을 잘못하여 틀린 말을 하게 되면 대국에 영향을 미치게 되고 그 손실은 짐작하기 힘들다. 말을 했으면 그 말에 반드시 책임을 지고 실천에 옮겨야 백성들로부터 위엄과 신망을 인정받고 대업을 이룰 수 있다.

춘추전국시대 상앙(商鞅)은 진(秦) 효공(孝公)의 지원 하에 변법(變法)을 주도했다. 권위를 확보하고 개혁을 추진하기 위해 도성 남문 바깥에 서른 척 높이의 나무를 세웠다. 그리고 백성들에게 나무를 북문으로 옮기는 자가 있으면 상금 열 냥을 내리겠다고 약속했다. 구경하던 사람들은 전혀 믿지 않았고 나무에 손도 대지 않았다. 그러자 상앙은 이번에는 쉰 냥을 주겠다고 선포했다. 그때 한 남자가 나무를 번쩍 들어올려 북문에 옮겨놓았다. 상앙은 즉각 그에게 쉰 냥을 하사했다. 상앙의 이런 행동으로 백성들은 그가 말에 책임지는 사람으로 믿게 되었다. 그래서 상앙의 신법(新法)은 사람들의 신뢰를 얻고 빠르게 자리잡아갈 수 있었다.

현대 기업에서 리더가 권위를 수립하는 관건은 말하기 전에 먼저 신중하게 생각하고, 또 말한 후에는 반드시 실천하는 데 있다. 군자의 말 한 마디는 입 밖을 나가면 사두마차도 따라잡지 못하고 다시는 수습하지 못한다. 그래서 말하기 전에 우선 곰곰이 생각해야 한다. 상대방이 어떻게 받아들일까? 또 어떤 결과가 생길까?

리더는 말에 믿음이 있어야 하고 행동에 결과가 있어야 한다. 말한 것은 반드시 행동으로 옮겨야 하며 지키지 못할 빈말은 삼가야 한다. 그렇지 않으면 직원들의 신뢰를 이끌어낼 수 없고 위엄을 잃어버린다. 리더는 반드시 책임지는 태도를 가지고 약속을 지키기 위해 전력을 기울여야 한다. 그래야 리더는 권위를 확보하고 많은 사람이 호응해서 명령이 막힘없이 잘 통한다.

또한 큰일과 원칙적인 문제에서만 약속을 지키고 행동으로 옮겨서는 부족하다. 일상생활 속의 사소한 일에도 언행일치를 실천해야 한다. 말을 행동으로 옮길 때는 작은 일부터, 지금부터, 자신부터 먼저 해야 한다. 예를 들어 아침 8시 정각에 회의를 하기로 했으면 자신부터 먼저 약속한 시간에 도착해야 한다. 어슬렁어슬렁 늦게 나타나면 부하직원은 상사를 약속을 지키지 않는 사람이라고 여기게 되고 상사에 대한 좋은 이미지가 반감된다.

신용을 잃으면 모든 것을 잃는다

차라리 뼈가 부스러질지언정 신의를 저버리지 말라

칭기즈칸은 신의와 약속을 중시했다. 은혜를 입으면 반드시 보답했고 공을 세운 자는 반드시 상을 내렸다. 그는 누케르와 부족민을 형제나 친구처럼 후대했다. 그래서 많은 사람들의 존경과 지지를 받았다.

말치기 키실릭과 바다이는 케레이드 옹 칸의 아들 셍굼이 군대를 이끌고 칭기즈칸을 습격한다는 밀계를 듣고 밤새 말을 달려 칭기즈칸에게 보고했다. 군사력의 차이가 워낙 현격해서 참담한 패배를 당했지만 그들 덕분에 미리 대피해 칸이 사로잡히는 불상사는 막을 수 있었다. 칭기즈칸은 케레이드를 정복한 후 두 사람의 공로를 치하하여 옹 칸이 살던 황금 게르와 안에 있던 진귀한 물건들을 사용하도록 허락했다. 또 옹 칸 수하에 있던 사람들을 전부 키실릭과 바다이 두 사람에게 하사했으며, 다르칸에 봉했다. 다르칸은

'자유로운'이라는 의미다. 두 사람은 몽골 건국 후에는 천호장에 봉해졌다. 이밖에 코리다이 역시 자모카가 여러 부족을 규합하여 칭기즈칸을 습격할 계획을 꾸미고 있다는 소식을 칭기즈칸에게 신속하게 알린 공으로 다르칸에 봉해졌다.

칭기즈칸이 위험에 빠질 때마다 매번 몽골의 하층민들이 그를 구했다. 이는 다른 몽골 귀족들에게서 보기 드문 경우다. 칭기즈칸을 구한 사람들은 신의를 중시하는 칭기즈칸에게 큰 감동을 받았기 때문이다.

중국 사서를 보면 황제들이 왕위에 등극한 후 개국공신을 함부로 죽인 예가 너무도 많다. 유방(劉邦)이 그랬고, 주원장이 그랬다. 한편 조금이라도 덜 잔인한 방법을 쓴 황제들은 '회유형 제왕'이라고 불렸다. 광무제(光武帝) 유수(劉秀)는 비록 사람을 죽이지는 않았으나 공신들을 중용하지 않았다. 조광윤(趙匡胤)이 부하들을 술자리로 청해 갖은 회유와 협박을 가해 병권을 빼앗은 '배주석병권(杯酒釋兵權)'이라는 사건도 있었다. 그들이 직접적인 유혈 사태를 일으키지 않았다는 것만으로도 사서에서는 특별한 일로 기록하고 있다.

하지만 칭기즈칸은 그들과 근본적으로 달랐다. 1206년, 몽골 건국 후 그와 함께 동고동락한 수많은 장수들은 모두 큰 상을 받았다. 1203년 봄, 칭기즈칸은 칼라칼지드사막에서 패배한 후 발조나 호수로 퇴각했다. 그때 발조나 호수의 흙탕물을 함께 마신 열아홉 명의 충신들은 모두 남들과 다른 대우를 약속받았다.

아울러 칭기즈칸은 충성심에 불타 그를 위해 싸우다가 전사한 용사들과 그들의 자손도 잊지 않았다. 그는 "코일다르는 전투에 앞장 서서 큰 공을 세우고 전사했다. 그의 자손들에게 위로금을 내리는 것이 마땅하다!"라고 말했다.

옛사람들은 신의를 인간 관계와 처세에서 영원 불변하는 미덕으로 받들었다. 공자는 "친구를 사귈 때에는 말에 믿음이 있어야 한다", "약속은 의로움에 가까워야 그 말이 실천될 수 있다"라고 가르쳤다. 인간 관계와 처세의 근본은 신의다. 일언을 천금과 같이 여기고 말한 것은 반드시 실천에 옮겨야 한다. 그 다음으로 친구에게 의리가 있어야 하고 진실된 마음으로 사람을 대해야 한다.

칭기즈칸은 말을 행동으로 옮기는 '신(信)'의 미덕을 가지고 있었고, 은혜를 입었으면 반드시 보답하는 '의(義)'의 미덕을 가지고 있었다. 사람은 믿음이 없으면 존재할 수 없다. 신의를 지키는 사람에게 우리는 최고의 존경을 표시한다.

신의를 지키지 않는 사람은 언젠가는 상응하는 벌을 받게 된다. 칭기즈칸의 강적 자모카는 옹 칸 부자를 배반했고, 훗날 전쟁 직전에 나이만의 타양 칸을 떠났다. 그는 결국 예정된 운명에 저항하지 못하고 칭기즈칸의 손 안에서 쓸쓸한 죽음을 맞이했다.

기업을 경영할 때 신의의 구체적인 표현은 아마도 사람마다 다를 것이다. 하지만 그 중요성은 모든 사람에게 동일하다. 왜냐하면 그 것은 일종의 미덕일 뿐만 아니라 학력이나 자격과 같은 개인의 자산이기 때문이다. 신의를 지키는 기업은 협력 파트너를 쉽게 찾고, 고객의 신뢰와 외부의 경제적 지원을 받을 수 있다. 반대의 경우는 가는 곳마다 벽에 부딪혀 한 발자국도 나아가지 못한다.

다롄(大連)에 위치한 일본 후지전선은 전자 코일과 에나멜선을 생산하는 기업이다. 한번은 말레이시아에 소재한 기업과 납품 계약을 체결했다. 그런데 여러 가지 이유로 제품 출고가 지연되었고 납품 기한을 어기게 될 상황에 처했다. 그래서 그들은 계약을 지키기 위해 항공 운송으로 물품을 보내기로 결정했다. 그 결과 기한 내에 제품을 보낼 수 있었지만 거액의 손해를 봐야 했다. 하지만 회사는 그 일을 계기로 신용을 인정받았고 사업도 빠르게 상승 곡선을 그렸다. 또 랴오닝성(遼寧省)에서 우수 외국인 투자기업으로 선정되는 영예를 누리기도 했다.

신의란 자신의 이익 때문에 약속을 어기지 않는 것이다. 성실과 신의를 지키지 않는 바탕에는 눈앞에 놓인 개인적인 이익이 있으며, 성실과 신의를 지키는 바탕에는 집단의 이익과 개인의 장기적 이익이 있다. 신의를 저버리는 일이 빈번하게 발생하는 이유는 사람들이 자신의 개인적 이익, 그것도 단기적 이익에만 급급하기 때문이다.

신용정보회사에서 관리하는 개인별 신용보고서가 있다. 은행, 회사 또는 사업 파트너가 유료로 신용 정보를 열람할 수 있다. 신용이 불량할 경우 보고서에 기록되고 한번 기록된 것은 말소되지도 않는다. 이는 대출이나 사업을 할 때 엄청난 장애가 된다. 그래서 사람들은 재산은 잃어도 절대 신용은 잃지 않으려 한다. 잃어버린 재산은 다시 벌어들일 수 있지만 잃어버린 신용은 모든 것을 잃어버리는 것과 같기 때문이다.

생활 속의 지혜를 몸에 익혀라

지혜와 기교가 없으면 가랑이 밑의 새끼양도 못 잡아먹는다.
큰 지혜와 뛰어난 수단이 있으면
깊은 산중에 있는 힘센 양도 잡아먹을 수 있다

『칭기즈칸-세계 정복자의 역사』의 저자 주와이니는 칭기즈칸의 탁월한 전술을 이렇게 평가했다.

"솔직히 전술 전략에 뛰어나고 적들을 신통하게 꿰뚫고 있던 알렉산더도 칭기즈칸의 시대에 살았다면 칭기즈칸의 제자가 되었을 것이다. 공성전(攻城戰)과 약탈전에서 활용되는 갖가지 묘책을 보고 칭기즈칸을 맹목적으로 따르는 것이 최선이라는 사실을 깨닫게 될 것이다."

칭기즈칸에 관한 많은 사건들은 현재 알 길이 없다. 『원사 · 태조기(元史 · 太祖記)』에서도 "안타깝게 당시 사관(史官)이 없어서 많은 일들이 누락되고 기재되지 않았다"라고 기록하고 있다. 하지만 전투 과정에서 사용된 전술을 통해 파악되는 그의 신비로운 지혜에 놀라지 않을 수 없다.

칭기즈칸은 전쟁에서 여러 가지 전술을 다양하게 구사했는데, 그 변화무쌍함에 적들이 방어를 할 수 없을 정도였다. 신출귀몰한 몽골 군대 앞에서 적들은 투항하는 길 외에 목숨을 구할 다른 방도가 없었다.

1203년 여름, 칭기즈칸은 옹 칸이 황금 게르 안에서 음주가무를 즐기느라 무방비 상태에 있다는 정보를 얻어 즉각 군대를 소집하고 밤새 말을 달려 옹 칸의 케레이드족을 기습 공격했다. 케레이드족이 전혀 눈치 채지 못하는 사이 패배는 이미 결정돼 있었다.

1204년, 나이만 군대와 격돌할 때 칭기즈칸은 '미혹 전술'을 사용했다. 야간에 칭기즈칸은 모든 사병들에게 각자 다섯 개의 횃불을 피우도록 명령하고 하늘의 별보다 많은 불빛이 보이도록 위장했다. 나이만 군대는 칭기즈칸의 군사들이 매우 많다고 여기고 전쟁을 하기도 전에 미리 겁을 집어먹었다.

1213년 가을, 칭기즈칸이 금나라를 대거 공격할 때는 우회 전술을 활용했다. 거용관(居庸關) 북쪽에 이르렀을 때 금나라는 성문을 굳게 걸어잠그고 장기전에 돌입했다. 관문인 백리(百里) 협곡에 쇠로 만든 남가새를 뿌려두고 정예군을 포진하여 몽골군은 쉽게 진입할 수 없었다. 칭기즈칸은 군대 중 일부를 거용관 북쪽 입구에서 금군과 계속 대치하도록 남겨두고, 직접 주력군을 이끌고 오솔길을 따라 자형관(紫荊關)을 향해 신속하게 이동했다. 그리고 제베에게 거용관 남측 입구까지 군사를 이끌고 돌아가라고 명령했다. 예상을 깬 우회 공격으로 거용관은 마침내 함락되었다.

1219년 가을, 칭기즈칸은 몽골 대군을 이끌고 호레즘 왕국을 향해 출정했다. 동북부 변경 도시 오트라르 성으로 진격할 때, 병사를 네 갈래로 나누어 먼저 동서남북 사방에서 외곽을 휩쓴 후 중심과 요충지를 공략하는 전략을 선택했다. 마지막에는 네 갈래로 흩어졌던 군대가 한곳에 집결해서 수도 사마르칸트를 포위했다. 그러자 단 이틀 만에 성 안의 귀족들이 성을 버리고 투항했다.

칭기즈칸이 구사한 다양한 전술을 접한 후 놀라게 되는 것은 비할 데 없는 자유로움과 호방함이다. 국민당 육군대학과 중앙군사학교 교육을 주관했던 완야오황(萬燿煌)은 칭기즈칸을 이렇게 평가했다.

"중국의 병학(兵學)은 손무가 이론으로 집대성했고, 칭기즈칸이 실전을 통해 세상에 선보였다. 두 사람 사이에는 천년의 시차가 있다. 한 사람은 붓으로 말했고 한 사람은 검으로 행동했다. 칭기즈칸으로 인해 중국 군대는 유라시아 대륙을 뒤흔드는 위업을 달성했고, 수천 년 동안 내려오는 중국 병학의 기이한 광채를 내뿜었다."

칭기즈칸은 자신이 가진 모든 것은 큰 지혜와 뛰어난 기교를 통해 얻은 것이라고 말했다. 그렇다. 수많은 사람들과 그들의 이야기가 이를 증명하고 있다.

그리스 연합군은 헬레나를 구하기 위해 무려 십년이나 전쟁을 치렀다. 그러나 트로이 성을 함락하는 데 결정적인 역할을 한 것은 바로 트로이의 목마였다. 목마 안에서 그리스 전사가 쏟아져 나올 때 지혜의 여신 아테네는 회심의 미소를 지었을 것이다.

깃털 부채를 들고 푸른 두건을 쓴 제갈량이 텅 빈 성에서 태연자약하게 거문고를 뜯고 있자, 백만 대군을 이끈 사마의(司馬懿)는 어리둥절해 사방을 둘러본다. 길조인가? 흉조인가? 그는 짐작조차 할 수 없었다. 사마의의 백만 대군이 흙먼지를 날리며 아득히 사라져갈 때 제갈량은 만면에 득의의 웃음을 지었다.

초원의 칭기즈칸은 어렸을 때부터 양과 말을 기르고 들짐승을 사냥하며 가족들의 식사를 책임졌다. 자신보다 힘이 센 맹수를 만났을 때 소년 칭기즈칸은 자신의 강점인 지혜를 활용해 짐승을 상대했다. 믿기지 않는다면 칭기즈칸이 한 말을 보자. 그것은 곧 생활의 진실이다.

"지혜와 기교가 없으면 가랑이 밑의 새끼양도 못 잡아먹는다. 큰 지혜와 뛰어난 수단이 있으면 깊은 산중에 있는 힘센 양도 잡아먹을 수 있다."

소년 칭기즈칸은 끝없는 초원에서 양과 거친 말과 짐승들을 상대로 용기와 지혜를 겨루었던 경험이 수없이 많았을 것이다. 아무리 교활한 사냥감도 훌륭한 사냥꾼의 손바닥을 벗어날 수 없듯, 사냥감을 손에 넣은 소년의 얼굴은 자부심으로 가득했을 것이다.

활자 인쇄를 발명한 필승(畢昇)은 파문당(播文堂)이라는 조각 공방에서 글씨를 새기는 사람이었다. 그는 책을 인쇄하는 장인어른을 돕기 위해, 책에 글자를 새기는 과정에서 겪은 경험을 바탕으로 진흙활자 인쇄술을 발명했다.

생활은 진지하게 배우고 끊임없이 연구하는 사람을 절대 푸대접하지 않고 생활의 지혜를 가르쳐줄 것이다. 그래서 글을 전혀 몰랐던 칭기즈칸도 대초원에서 배운 지혜와 기교가 있었기에 심혈을 기울여 병서를 집필한 손무와 어깨를 나란히 할 수 있었다. 금나라와 송나라에서 평생 숱한 병서를 연구한 장군들도 영원히 이 이치를 깨닫지 못했다. 그들은 생활에서 나오는 풍부한 경험을 평생토록 가지지 못했기 때문이다.

칭기즈칸은 생활 속에서 다른 사람보다 더 많은 노력을 했다. 그래서 그는 어느 누구보다도 뛰어난 무략(武略)을 가질 수 있었다.

생활 속에서 배우는 살아 있는 지식이 가장 유용하다. 수많은 사람들이 입으로 책 속의 지식을 떠들고 있지만 실전에서는 속수무책이다. 물론 책 속에 있는 지식을 폄하할 생각도 없으며 감히 폄하할 수도 없다. 책 속의 지식은 선현들이 이룩한 지혜의 결정체다. 융통성 있게 활용할 수 있다면 그 안에서 많은 도움을 얻을 수 있다. 하지만 문제는 우리가 선현들의 지혜를 권위화하는 데만 익숙하다는 것이다. 그래서 병서에 나온 이론에만 매달렸던 조괄(趙括) 때문에 조나라가 패망했고, 병서를 수도 없이 읽었다는 마속도 가정(街亭)을 잃어버렸다.

언젠가 한 스님이 "신용은 최고의 재산이요, 정법(正法)은 최고의 탄탄대로다. 진실은 최고의 묘미요, 지혜는 최고의 생명이다"라고 하는 말을 들은 적이 있다. 당신의 생각은 어떤가?

인내는 이보 전진을 위한 일보 후퇴다

힘이 부족할 때 나는 본심을 속이면서까지 참고 양보했다.
하지만 내 자신의 날개를 단련시킨 후에는
비바람도 비상하는 내 날개를 절대 꺾을 수 없었다

몽골인은 "네가 나에게 준만큼 나도 너에게 되갚는다"라고 말한
다. 그래서 그들은 은혜든 원수든 반드시 갚았다. 전형적인 몽골
초원의 영웅인 칭기즈칸도 이와 같은 특성을 가지고 있었다. 하지
만 칭기즈칸은 사소한 은원(恩怨)만 따지고 대세를 모르는 동네영
웅은 결코 아니었다. 초창기에 칭기즈칸이 보여준 겸손과 인내는
매우 유명하다.

타이치오드족과 함께 칭기즈칸 모자를 버린 주르킨족은 칭기즈
칸의 세력이 커지자 부족민을 이끌고 칭기즈칸에게 의탁해왔다.
칭기즈칸은 기쁘게 그들을 받아들였다. 하지만 그들은 자신의 세
력을 믿고 점차 기세등등해졌다. 그들은 칭기즈칸을 안중에도 두
지 않고 기고만장하다가 마침내 두 부족 간에 일대 혈투가 벌어

졌다.

　사건은 잔치를 벌이는 와중에 일어났다. 잔치 도중 주르킨족의 카타키다이가 말을 훔치다가 순찰을 돌던 칭기즈칸의 동생 벨구테이와 주르킨의 부리 장사에게 발각되었다. 부리 장사는 부족의 체면을 생각해서 기회를 엿봐 카타키다이를 도망가게 했다. 당연히 벨구테이가 가만히 있지 않았다. 두 사람 사이에 싸움이 벌어졌고 결국 벨구테이가 다쳤다.

　두 사람은 다시 잔치가 벌어지는 곳으로 돌아왔다. 칭기즈칸이 벨구테이의 상처를 본 후 이유를 묻자, 벨구테이는 사건의 경과를 보고했다. 칭기즈칸은 크게 화가 났지만 전혀 내색하지 않았다. 그런데 뜻밖에 주르킨 수령 사차 베키가 모욕감을 참지 못하고 벌떡 일어나서 화를 냈다.

　"나는 대칸이 정말로 축하 잔치를 여는 줄 알았는데 우리한테 복수하기 위한 함정이었군. 우리는 이만 가겠소!"

　그러자 주르킨 사람들이 모두 일어나 자리를 뜨려고 했다.

　칭기즈칸의 분노가 초원의 불길처럼 타올랐다. 그는 탁자를 치면서 일어났다.

　"저 말도둑떼들을 끌고 오너라!"

　흥겨운 잔치는 난장판으로 돌변하고 한바탕 혼전이 일어났다. 싸움 도중에 사차 베키의 어머니 코리진 부인이 칭기즈칸에게 억류되었다. 사태가 진정된 후 칭기즈칸은 심사숙고 끝에 키야트족의 미래를 위해서는 단결해야 한다는 결론을 내렸다. 주르체데이와 코르치에게 코리진 부인을 돌려보내라고 지시한 후 주르킨족과 화해를 준비했다. 하지만 주르킨 사람들은 또다시 칭기즈칸의 의도를 오해했다.

사차 베키가 어머니에게 "놀라셨죠?"라고 묻자 대칸의 대비였던 그녀가 매우 오만하게 말했다.

"놀라다니? 누가 감히 나를 놀라게 하지? 내가 누구더냐, 대칸의 대비였다! 스스로 대칸이라고 부르는 칭기즈칸이 뭐가 그리 대단하다고. 양이 모자를 쓴다고 사람이 되더냐? 내가 칭기즈칸을 두려워한다고?"

칭기즈칸은 여전히 그들에게 용서를 구하며 다짐했다.

"참자, 참자! 아직 힘이 부족하니 참아야 한다. 속내를 숨기고 참아야 한다! 하지만 주르킨 사람들이여, 기다려라! 더 이상 참을 수 없고 참을 필요도 없는 그날을 기다려라! 내 날개가 단단해지는 그때 거센 비바람도 높이 비상하는 나를 막을 수 없다."

고금을 막론하고 이 세상에는 얼마나 많은 원한과 불행이 있었으며, 또 얼마나 많은 비극과 공포가 있었던가. 그것은 모두 사람들이 이기려고만 들고 참고 양보하지 않아서 일어난 것이다. "사소한 일을 참지 못하면 큰 화를 불러온다", "한때의 분함을 참으면 백일의 근심을 면할 수 있다"와 같은 말들이 새삼 가슴속에 와 닿는다.

유비가 여몽(呂蒙)의 계책에 빠져 칠백 리 군영을 불태우게 된 것도 그의 일관된 특징이었던 침착함과 평정심을 잃어버렸기 때문이다. 관우와 장비가 죽자 유비는 하늘을 찌를 듯한 분노와 복수심으로 마음의 균형을 잃고 제갈량의 조언조차도 귀담아 듣지 않았다.

또 사마소(司馬昭)의 전권을 참을 수 없었던 위나라 조모(曹髦) 는 철저한 준비도 하지 않은 채 순간적인 충동으로 움직였다. 그는 궁중 내에 있던 수백 명의 친위병을 이끌고 사마부로 가던 도중에 사마소의 충복이 휘두른 창에 찔려 후궁에서 주검으로 실려나갔 다.

위대한 인물들은 모두 비범한 인내력을 가지고 있다. 한 고조 유 방은 인내력이 매우 뛰어난 사람이었다. 그가 항우(項羽)의 공격으 로 곤경에 처했을 때 한신(韓信)에게 도움을 청했는데, 한신은 그 대가로 제왕(齊王)에 봉해줄 것을 요구했다. 유방은 수염이 들썩거 릴 정도로 화가 났지만 그래도 참아내고 한신을 받아들임으로써 자신도 위기에서 벗어날 수 있었다.

어린나이에 황제로 등극했던 강희제 역시 대단한 인내력의 소유 자였다. 그는 오배(鰲拜)의 전권을 묵인하면서 암암리에 자신의 친 위대를 양성했다. 그리고 오배가 아무 준비도 못하고 있는 사이에 마침내 그를 쓰러뜨렸다.

소년 강희제든 아니면 초나라와 한나라가 패권을 다투던 시기의 유방이든 또는 타타르족을 공격하기 전의 칭기즈칸이든, 그들은 강력한 힘을 가지고 있지 않았기에 정면 돌파를 하지 못하고 측면 에서 공격해 들어가는 방법을 강구할 수밖에 없었다. 그래서 인내 에는 또 하나의 특징이 있다. 인내는 자신보다 강한 사람 앞에서 내보일 수 있는 일종의 여유다.

당연히 인내에는 한계와 원칙이 있다. 그렇지 않으면 그것은 나 약함이다. 『홍루몽(紅樓夢)』에 나오는 우이저(尤二姐)는 계속되는 왕희봉(王熙鳳)의 모욕을 참다못해 결국 자살을 선택했다. 이때 우리는 그녀에게 나약함이라는 굴레를 씌운다.

칭기즈칸이 타타르족을 공격할 때 주르킨족은 동참을 거부했을 뿐만 아니라 비겁하게 그가 없는 틈을 타 영지를 기습했다. 칭기즈칸은 더 이상 참을 수 없었다. 그는 타타르와의 전투에서 승리한 군대를 이끌고 주르킨족을 공격했다. 주르킨족은 참패하고 수령 사차 베키도 죽음을 면치 못했다. 소년 강희제는 친위대를 이용해 오배의 전권을 마감하고 황권을 되찾아옴으로써 몇 년간에 걸친 치욕을 깨끗이 씻어버렸다. 한 고조 유방을 협박했던 한신은 결국 참혹한 죽음으로 끝맺었다. 힘이 약할 때 인내란 암암리에 힘을 축적하면서 기회를 노리는 것이다.

옛사람들은 남에게 관대하고 스스로에게 엄격한 것을 미덕으로 여겼다. 당신의 역량이 절대적인 우위를 점하고 있다면 당신의 인내는 인생의 도량과 겸허한 군자의 풍모를 보여준다. 그러면 당신은 도의적인 찬사를 듣게 될 것이고 역량은 더욱 강해질 것이다.

제(齊) 환공(桓公)은 자신에게 활을 쏘아 다치게 만든 관중(管仲)을 중용하여 춘추오패(春秋五霸)의 으뜸이 되었다. 제갈량은 맹획(孟獲)을 일곱 번이나 사로잡았지만 일곱 번 다 놓아주었다. 그후 맹획은 제갈량에게 진심으로 복종하게 되었고, 촉나라는 남중 지역을 손에 넣을 수 있었다.

칭기즈칸은 자신에게 활을 쏜 제베를 용서하고 중용했다. 훗날 제베는 칭기즈칸의 4대 충신 중 한 사람이 되었다. 제베는 전쟁마다 혁혁한 공을 세웠고 적들이 그 이름만 듣고도 벌벌 떨었다.

당신이 지금 강자건 약자건 인내는 절대적으로 필요하다. 인내할 줄 알아야 고도의 이성을 유지할 수 있으며, 상황에 대해 정확한 판단을 내리고 적절한 대응 조치를 취할 수 있다.

예수는 인류에게 "원수를 사랑하라. 그리고 일곱 번이 아니라 일흔 번까지 용서하라"고 가르쳤다. 제갈량도 이렇게 했고 칭기즈칸도 이렇게 했다. 위대한 인물은 모두가 바로 이렇게 했다.

자립심을 길러라

누군가 너를 지켜줄 것이라고 기대하지 마라.
또 너를 대신해 정의를 실현해달라고 애원하지 마라.
혼자 힘으로 살아가는 법을 배우면 너는 진정한 몽골인,
절대 말에서 떨어지지 않는 몽골인이 될 것이다

칭기즈칸은 험난한 인생을 겪으면서 "자신의 힘에 의지하는 자만이 진정한 강자다"라고 확신하게 되었다. 칭기즈칸의 일생은 스스로 말했던 것처럼 태어날 때부터 숫돌로 갈고 뜨거운 불에 달구는 담금질의 연속이었다. 꼬리에 꼬리를 물고 찾아드는 시련과 굴욕, 모친과 형제를 제외하고는 아무도 그를 사심없이 돕지 않았다.

삶이란 무엇인가? 그는 자녀들에게 그 해답을 알려주기 위해 스스로 생활의 모진 비바람을 견디게 했다. 그는 어린 새와 같았던 아이들을 독수리로 키워냈다.

어느 날 칭기즈칸은 씨름을 하고 있는 두 아들 조치와 차아다이를 옆에서 지켜보고 있었다.

둘째아들 차아다이는 비록 어렸지만 매우 고집이 셌다. 형인 조

195

치에게 매침을 당하면서도 계속 달려들었다. 칭기즈칸이 껄껄 웃으며 말했다.

"잘 하는구나, 차아다이."

차아다이가 또다시 고꾸라졌다. 그는 이번에는 일어서지 않고 살금살금 기어가서 조치의 다리를 꽉 깨물었다. 조치가 아야 소리를 지르고 울기 시작했다.

"이건 행패야! 사람을 물었어! 네가 이리냐?"

칭기즈칸은 큰 소리로 웃었다. 조치가 울면서 말했다.

"아버지, 왜 동생을 가만 두세요! 동생 편만 드시는군요!"

칭기즈칸의 얼굴에서 순간 웃음이 사라졌다. 그는 조치를 끌어당기며 말했다.

"조치, 기억해라. 다른 사람이 너를 지켜줄 거라고 기대하지 마라. 다른 사람에게 대신 정의를 실현해달라고 애원하지도 마라. 나는 평생 내 자신에게만 의지하도록 운명지어졌고 너도 마찬가지다. 환한 대낮에는 이리처럼 주도면밀해야 하고 어두운 밤에는 까마귀처럼 강한 인내심이 있어야 한다. 자신의 힘으로 살아가는 법을 배워야만 너는 진정한 몽골인, 절대 말에서 떨어지지 않는 몽골인이 될 수 있다!"

자신에게 의지하는 것은 몽골인이 오랫동안 지켜온 굳은 신념이었다. 그래서 "산에 의지하면 산이 무너지고 사람에 의지하면 사람이 무너지니 자신에 의지하는 것이 가장 좋다"고 하지 않는가! 몽골에는 비슷한 뜻을 가진 속담이 아주 많다. "다른 사람의 권세에 의지해 복을 누리는 것보다 고생을 받아들이는 편이 낫다", "하늘에 밥을 달라고 빌지 말고 두 손에 의지해 모든 것을 해결하라" 등이 있다.

남에게 도움을 청할 때는 고개를 숙여야 하지만 스스로에게 도움을 청할 때는 고개를 들고 가슴을 활짝 펼 수 있다. 남에게 도움을 청하면 무시당하지만 스스로에게 도움을 청하면 존경받는다. 남에게 도움을 청하면 장래가 암담하지만 스스로에게 도움을 청하면 미래가 밝다.

동물도 스스로 강해지는 법을 알고 있다. 달리기를 잘 하는 아프리카 표범은 사냥을 할 때 그 자리에서 사냥물을 물어뜯어 죽이지 않고 일부러 놓아준다. 그러면 사냥물은 혼비백산해서 도망친다. 그때 뒤에서 바싹 붙어 따라오던 새끼표범이 사냥물을 뒤쫓는다. 새끼표범은 한참을 쫓아가다가 잠시 발걸음을 멈추고 머뭇댄다. 어미표범은 화가 나 으르렁대면서 무정하게 새끼표범을 물어뜯는다. 새끼표범은 순간 놀라서 피하지만 곧 어미표범의 의도를 알아차리고 도망치는 사냥감을 쫓아 질주한다. 이런 교육 방식은 일견 냉혹해 보이지만 사실은 깊은 사랑이 숨어 있다. 이는 어렸을 때부터 자립심을 키워주는 방법인 것이다.

역사적으로 장기적 안목을 가진 부모들은 이 이치를 잘 알고 있었다. 동한 시대 양진(楊震)이 내주(萊州) 태수로 있을 때, 누군가 그에게 권세가 있을 때 자손에게 재산을 마련해주라고 귀띔하자 양진은 웃으면서 말했다.

"후손에게 청백리의 자손이라는 유산을 남겨주면 넉넉하지 않겠소?"

청나라 정치가인 임칙서(林則徐)는 후세에 이런 글을 남겼다.

"자손이 나와 같다면 재산을 남겨줘서 무엇 하겠는가? 현명한 자에게 재물이 많아지면 좋은 뜻을 잃어버리게 될 터이니. 자손이 나보다 못하다면 재산을 남겨줘서 또 무엇 하겠는가? 우둔한 자에게 재물이 많아지면 갖은 악행을 저지를 터이니."

양진과 임칙서 모두 자신들이 이루어놓은 안락한 둥지에서 자손들이 안일하게 지내는 것을 원치 않았다. 그들은 자손들이 자립심을 키우고 스스로의 능력으로 성공하기를 원했다.

이러한 사상은 오늘날 특히 주목받고 있다. 최근 '좋은 아이'의 첫 번째 기준은 무엇인가에 대한 설문 조사를 실시했다. '우수한 성적'이라고 답한 어머니는 21.96%에 불과했고, 49.59%에 달하는 어머니들이 '자립심'을 중시했다.

요즘 아이들은 원하는 것은 무엇이든지 얻을 수 있고, 하고 싶은 일은 마음대로 한다. 지나친 사랑을 받은 아이들은 그 결과 비뚤어진 성격을 가지게 되었고, 한편으로 감정과 의지력을 나약하게 만들었다. 그래서 어려움과 좌절에 부딪혔을 때 감당할 만한 능력이 부족하다.

자신의 힘으로 성공해야만 존경받을 수 있고 삶의 무게를 헤아릴 수 있다. 외부의 힘을 빌리면 훨씬 수월하게 성공할 수 있다. 하지만 손쉽게 성공을 얻은 후에는 잃어버린 자아를 되찾기 위해서 백배의 노력을 기울여야 한다.

생굼이 비극적인 최후를 맞게 된 것은 너무나도 평탄했던 인생 역정과도 관련이 있지 않을까? 케레이드 옹 칸의 아들 생굼은 계속해서 칭기즈칸을 사지로 내몰았다. 이는 어쩌면 그가 칭기즈칸처럼 노력으로 자신의 존엄을 발견한 사람이 아니었기에 칭기즈칸에게 죽이고 싶을 정도의 질투심을 느껴, 잇달아 칭기즈칸에게 도전하면서 자신의 힘을 증명하려 한 것인지 모른다. 양자를 비교해보면 칭기즈칸이 훨씬 더 위대하다. 자신의 경험 때문인지 칭기즈칸은 아이들을 강하게 길렀다. 험난한 외부 환경 탓일 수도 있겠지만, 아이들에게 스스로 자신의 존엄을 찾게 해주려는 것도 하나의 원인이었을 것이다.

행운이 어느 날 갑자기 찾아온다면 당신은 어떻게 하겠는가? 존경스런 한 거지가 생각난다.

그는 40년을 구걸하며 살았다. 어느 날 그가 빌 게이츠의 대문 앞을 찾아왔다. 빌 게이츠가 1달러를 구걸할건지 만 달러를 구걸할건지 물었다. 거지는 빌 게이츠가 세계 최대의 부호라는 것을 알고 말했다.

"당신에게 만 달러나 1달러나 마찬가지 아니오. 1달러를 주시오."

빌 게이츠는 그에게 1달러를 주고, '당신의 장점을 발휘하고 지식으로 부를 쌓으시오' 라는 글이 적힌 명함을 따로 건네면서 말했다.

"이건 1달러고 이건 9,999달러요."

거지가 돈과 명함을 받으면서 물었다.

"이 명함이 그렇게 큰 가치가 있소?"

"그대로만 한다면 9,999달러를 훨씬 넘어설 것이오."

다음날 거지는 시청에 보고서를 작성해 제출했다.

뉴욕 거지컨설팅회사 설립을 신청함. 이유는 다음과 같음.

(1) 넓은 시장 : 『뉴욕타임스』가 발표한 최근 통계에 따르면 뉴욕 거리에는 20만 명의 거지가 구걸로 생계를 유지하고 있음.

(2) 사회 봉사 : 거지는 늘어나고 돈을 주는 사람은 점점 줄어들어 일부 거지가 생존의 위협을 느끼고 있음.

(3) 자격 구비 : 본인은 40년에 걸친 거지 생활로 풍부한 구걸 경험과 완벽한 구걸 수단이 있음.

(4) 시대적 수요 : 지식 경제 시대의 도래와 더불어 본인은 지식으로 부를 쌓겠음.

지난해 뉴욕거지컨설팅사의 자산은 천만 달러를 돌파했다. 얼마 전 이 회사는 '지식 구걸'을 주제로 유럽시장을 개척했다. 어린 시절 아버지의 등을 긁어준 것밖에 없다는 거지에게 컨설팅을 통해 인생을 바꿔주었다. 그는 런던의 골목골목을 손금 보듯 환하게 꿰뚫고 있었기 때문에, 컨설턴트는 개인 길안내 회사를 설립하도록 권유했다.

구걸을 하면 항상 배가 고프고 멸시당하고 눈곱만큼의 존엄성마저 상실한다. 스스로 노력하며 살아야 자신이 가진 지위와 체면과 존엄을 확보할 수 있다.

청나라 문인 정판교(鄭板橋)의 말이 기억난다.

"자기의 땀을 흘리고 자기의 밥을 먹고 자기의 일은 자기가 한다. 하늘에 의지하고 땅에 의지하고 조상에 의지하는 것은 사내대장부가 아니다."

자신의 노력으로 거두어들인 성과만이 당신에게 존중과 존엄을 선사한다.

일처리는 신중하게 하라

일이 닥치면 항상 신중하고 조심하라!

칭기즈칸은 말했다.

"혼란한 시대에는 사람들이 말한 카다긴족의 다르가이처럼 행동해야 한다. 그는 혼란 중에 두 명의 누케르와 함께 바깥으로 나갔다가 멀리서 말을 탄 두 사람을 보았다. 누케르들이 말했다. '저들은 겨우 두 명입니다! 우리 셋이 가서 물리칩시다!' 그는 대답했다. '우리가 저 사람들을 발견했으니 저 사람들도 틀림없이 우리를 봤을 것이다. 안 된다!' 그리고는 채찍으로 말을 재촉해서 도망갔다. 나중에 알아보니 말을 탄 두 사람 중 한 사람은 타타르족의 티무르 우하였다. 그는 협곡에서 오백 명의 누케르를 매복시킨 후 자신만 모습을 드러냈다. 세 사람이 공격해오면 매복 지점까지 유인한 후 그들을 사로잡을 계획이었다. 하지만 다르가이가 이를 미리 눈치 채고 신속하게 달아났고, 근처에 있던 그의 누케르 스무 명이 합류해서 그를 안전하게 데리고 갔다."

예상치 못한 적들의 기습을 받게 되는 경우를 제외하고, 칭기즈칸은 전투를 하기 전에는 언제나 신중하게 생각하고 치밀한 계획을 세웠다.

칭기즈칸은 호레즘을 정벌하기 몇 년 전부터 그들의 동태를 살피며 신중하게 전쟁을 준비했다. 회족 상인과 서부 변경의 순찰대, 메르키드족의 잔당을 추격한 서진(西進) 몽골군을 통해 호레즘의 여러 정황을 지속적으로 체크했다.

칭기즈칸의 신중함과 조심성은 전투에서뿐만 아니라 일상생활 속에서도 잘 드러난다.

용맹하기 그지없던 카를룩의 수령 부자르는 원래 길을 막고 물건을 약탈하던 도적이었다. 1211년 후, 타양 칸의 아들 구출룩이 서요의 정권을 탈취하고 서요와 속국의 백성들에게 불교로 개종할 것을 강요했다. 부자르는 이슬람교도로 칸이자 종교 수령이기도 했다. 그는 개종을 강요받자 구출룩의 통치에 반기를 들었다. 구출룩은 여러 차례 군대를 보내 부자르를 공격했으나 오히려 부자르에게 패하고 말았다. 부자르는 구출룩에게 대항하기 위해 칭기즈칸에게 사자를 보내 구출룩에 대한 상황을 보고하고 칭기즈칸의 신하임을 자처했다. 칭기즈칸은 사람을 보내 부자르를 위로하고 훗날 조치의 딸을 부자르의 아들과 결혼시켜 그와 혈연 관계를 맺었다. 부자르는 나중에 몽골로 귀순하고 직접 칭기즈칸을 알현했다. 칭기즈칸은 부자르를 후하게 접대했다.

부자르가 떠날 때 칭기즈칸이 말했다.

"구출룩과 이웃하고 있어 교전이 끊이지 않을 것이니 항상 경계를 늦추지 말게. 돌아가면 사냥도 하러 가지 않는 게 좋을 걸세. 갑자기 그들의 사냥감이 되지 않으려면."

부자르가 사냥을 하러 나가지 않아도 되도록 칭기즈칸은 특별히 그에게 양 천 마리를 하사했다.

도적 출신인 부자르는 천성적으로 싸움을 좋아하고 돌아다니기를 좋아했다. 특히 들짐승 사냥에 열을 올렸다. 자신의 영지로 돌아온 그는 사냥을 하고 싶은 마음을 억누를 수 없었다. 그러던 어느 날 그는 무방비 상태로 사냥을 하다가 구출룩에게 잡혀 죽임을 당했다. 부자르는 결국 부주의 때문에 자신의 목숨을 잃고 말았다.

신중함은 외부 세계와 자신의 언행을 면밀히 관찰하는 일종의 처세술이다. 새로운 사물을 받아들이고 새로운 문제를 해결하고 진보를 추구하는 과학적인 태도다. 신중을 기한다는 것은 깨인 의식을 가지고 시종일관 모든 말과 행동을 조심하는 것이다.

신중해야만 더 훌륭한 일을 할 수 있다. 기업의 운명을 틀어쥐고 있는 리더에게 신중함은 특히 중요하다. 칭기즈칸은 언제 어디서나 신중했기 때문에 일생 동안 화려한 전과를 올릴 수 있었다. 당태종 이세민은 소심하다고 할 정도로 신중했던 덕분에 화려한 대당제국의 서막을 열 수 있었다. 증국번(曾國藩)은 군주가 위협을 느낄 정도로 뛰어난 공로를 세웠지만 신중하게 처세함으로써 천수를 누릴 수 있었다.

신중함은 일종의 책임감이다. 기업 리더에게 신중함은 권력보다 중요하다. 권력은 양날을 가진 칼과 같아서 제대로 쓰면 사람과 기업 모두에게 이득이 되지만 잘못 쓰면 사람과 기업 모두를 해친다. 권력을 개인과 가정, 사조직의 이익을 위한 수단으로 사용한다면 필연적으로 사사로운 욕망이 팽창하게 될 것이다. 리더는 직무 앞에서는 의무를 생각해야 하고 권력 앞에서는 책임을 생각해야 한다. 이렇게 해야만 신중하게 권력을 사용할 수 있다. 리더는 의사 결정자다. 그가 신중하지 못하면 손해를 입는 쪽은 회사다.

신중함은 일종의 삶의 태도다. 개인적으로는 부드러움과 안정됨을 추구하면서도 사심이 없어야 하며, 일을 추진할 때는 치밀함과 세심함을 추구하면서 실무적인 태도를 가져야 한다. 또한 관직에 있을 때는 항상 냉정해야 한다. 『논어』에 "일은 민첩하게 처리하고 말은 신중하게 하라"고 한 것이 바로 이것이다. 침착하지 못하고 성급한 사람은 비현실적인 목표와 구호를 내걸고 허망한 껍데기만 추구하느라 제대로 된 일을 하지 못한다. 또 남들이 앞서나가는 것을 보면 평정심을 잃어버리는 경우가 많다. 이는 대개 수양이 부족하기 때문이다.

리더는 머리는 일을 향해 열어두고 가슴은 사람들을 향해 열어둬야 한다. 그리고 리더가 나아가야 할 정도(正道)는 언제나 실사구시(實事求是)다. 절대 얕은 식견과 작은 공로로 자신이 최고라는 착각에 빠지지 말아야 한다. 안사(安史)의 난을 평정한 곽자의(郭子儀)는 혁혁한 공을 세우고 높은 벼슬에 올랐으면서도 늘 신중하게 처신하여 혼란했던 그 시절에도 천수를 다하고 편안한 일생을 마감할 수 있었다. 비결은 바로 신중한 삶의 태도였다.

신중함은 일종의 능력이다. 뛰어난 관찰력과 판단력, 문제를 해결하는 능력이 없으면 뜻을 품을 수도 없고 대업을 이룰 수도 없다. 칭기즈칸은 치밀한 계획이 있었기에 케레이드 옹 칸을 이길 수 있었고 서하를 이길 수 있었다. 또 금나라를 하남(河南)으로 몰아내고 멀리 호레즘까지 정벌해 광활한 영토를 확보할 수 있었다.

그래서 기업의 리더는 과학적으로 상황을 판단하는 능력과 시장 경제를 장악하는 능력, 복잡한 상황에 대처하는 능력, 규칙을 집행하는 능력, 대세를 통괄하는 능력 등 다양한 능력을 길러서 문제와 갈등을 적극적으로 해결해야 한다.

옛사람은 관직에 오른 자가 지켜야 할 세 가지 도리로서 '청렴함, 신중함, 근면함'을 강조했다. 상황이 호전되고 일이 잘 순조로울수록 더욱 겸허하고 신중한 태도를 취해야 한다. 깨인 의식으로 시련을 견디고 넓은 시야로 끊임없이 혁신하며 넓은 가슴으로 상황을 판단하고 대세를 살펴야 한다.

그러나 결정적인 순간에 머뭇거리는 것은 더 이상 신중이 아니라 소심함이 된다. 신중함은 지나침이 없어야 한다. 지나치면 변질되기 마련이다. 지나치게 소심하여 일을 못하고 전전긍긍하게 되면 대뇌가 마비되고 눈앞이 캄캄해지며 사지는 꼼짝도 하지 않는다. 이에 성공은 대뇌, 두 눈과 손발에 의해 가로막힌다. 용기가 없으면 신중함도 없다. 용기는 신중함의 생명이다!

영원한 친구나 적은 없다

적의 적은 우리의 친구가 될 수 있다

칭기즈칸의 황금 게르에 초원의 군웅들이 집결하여 분노하고 있었다. 알고 보니 금나라에서 사신을 보내 타타르를 함께 정벌하자고 요청했던 것이다. 카사르는 핏발이 선 눈으로 말했다.

"지난날 금나라 희종(熙宗)이 우리 몽골의 암바가이 칸을 당나귀 형틀에 산 채로 못박아 죽였습니다. 지금 원수를 갚아야 합니다. 저 오만한 수캐 같은 완안(完顔) 승상의 사자를 당나귀 형틀에 못박읍시다!"

칭기즈칸은 당나귀 형틀을 응시하다가 두 손으로 힘껏 탁자를 누르고 뺨이 불끈 솟아오를 정도로 어금니를 꽉 깨물었다. 잠시 후 그는 천천히 자리에 앉은 후 뜻밖의 말을 했다.

"이 싸움을 해야 할 것 같군."

좌중은 뜨거운 솥에 기름을 부은 듯 순식간에 끓어올랐다.

"뭐라고요? 금나라 개들을 위해서 전쟁을 한다니요!"

"타타르는 금나라의 개입니다. 주인이 개를 잡는데 왜 우리가 나섭니까?"

"금나라와 타타르는 모두 불구대천의 원수입니다. 싸우게 놔두고 우리는 옆에서 구경이나 합시다!"

소식을 들은 후엘룬도 게르를 찾아와 격앙돼서 말했다.

"네가 방금 금나라의 뜻에 따라 타타르를 공격하겠다고 말했느냐? 너는 금나라가 어떤 나라인지 잊었느냐? 원수들이야! 너는 원수를 아비로 삼으려는 거냐?"

"어머니."

칭기즈칸이 다급하게 말을 이었다.

"금나라는 우리의 가장 강력한 원수입니다. 그들은 초원에서 메르키드와 타타르 두 마리 개를 길러왔습니다. 우리가 수차례 메르키드와 타타르를 물리쳤지만, 그들은 또 금나라의 비호 하에 원기를 회복하고 사람들을 물어뜯고 있습니다. 이번에 금나라가 타타르 개를 버리려 합니다. 이번에는 금나라의 견제를 받지 않고 아버지를 죽인 원수 타타르를 물리칠 수 있습니다."

칭기즈칸은 좌중을 둘러보며 말했다.

"적의 적은 우리의 친구가 될 수 있다. 일시적인 친구라도 좋다. 잠시 금나라와 연합해서 먼저 타타르족을 제거하자!"

보오르초가 생각 끝에 의견을 말했다.

"저는 칸의 결정이 옳다고 봅니다. 지금 타타르를 치면 표면적으로는 금나라의 명을 받은 것이기에 우리의 본심이 드러나지 않습니다. 조용히 우리의 깃털을 풍성하게 키운 후 금나라가 신경 쓰지 않을 때 적절한 기회를 봐서 단번에 높이 날아오릅시다. 금나라의 최후가 곧 도래할 것입니다."

후엘룬은 칭기즈칸의 치밀하고 장기적인 계획을 깨닫고 깊은 한숨을 내쉬었다.

"나도 이제 늙었구나. 먼저 자란 머리는 수염보다 오래가지 못하고 먼저 생긴 귀는 뿔보다 단단하지 못하다더니. 이제 네 일에 간섭하지 않으마."

그녀는 한편으로는 기뻤지만 또 한편으로는 알 수 없는 쓸쓸함을 느끼며 게르에서 나갔다.

1196년, 칭기즈칸은 케레이드 옹 칸과 함께 금나라에 협조해 타타르족을 공격했다. 타타르족은 대패했고, 수령 잘린 보카는 살아남은 부족민을 이끌고 다급히 도망쳤다. 전쟁을 마친 후 금나라는 케레이드 옹 칸을 왕으로 봉하고 칭기즈칸을 '자오드 코리(통솔자)'로 봉했다. 이를 계기로 칭기즈칸은 키야트 내에서 위신과 권력을 강화할 수 있었다.

칭기즈칸이 타타르를 제거한 방법과 전국시대 진(秦)나라가 쓴 원교근공(遠交近攻) 책략은 방법은 달라도 같은 효과를 냈다.

삼진(三晉 : 한韓, 위魏, 조趙)을 병탄하기 전, 진나라는 다른 여섯 나라보다 국력이 강했으나 여섯 나라가 연합해서 공격해올 경우에는 역부족이었다. 그래서 진나라는 통일 전쟁을 치르기 전에 원교근공의 전략을 취했다. 한나라를 멸하기 전에 먼저 제나라, 연나라 양국을 안심시켰다. 초나라는 내란으로 다른 나라의 상황을 돌볼 겨를이 없었다. 진나라는 두 번이나 군대를 일으켜 삼진 중에서 가장 강력한 조나라를 공격했다. 하지만 그때마다 조나라 이목(李牧)에게 참패했다. 그러나 조나라도 네 번의 전쟁을 치르면서 수십만 군사를 잃었고 수도 한단(邯鄲)만 근근이 지키며 수세를 취할 수밖에 없었다. 자신을 지키기도 어려웠으니 한나라를 지원할 여력은 더더욱 없었다. 한나라는 이웃나라의 지원을 전혀 받지 못하는 상황에서 강력한 진나라를 맞이하자 투항하는 수밖에 다른 길이 없었다.

칭기즈칸은 타타르를 소탕하여 아버지의 원수를 갚음으로써 부족민들의 존경을 받았을 뿐만 아니라 몽골 동부 지역의 패권을 확보했다. 또 금나라와의 오랜 원한 관계를 청산하고 몽골 통일에 집중할 수 있었다. 칭기즈칸이 금나라와 연합하여 타타르를 공격한 것은 일석삼조의 효과를 거두었다고 할 수 있다. 그후 몽골 지역을 통틀어 칭기즈칸에 필적할 수 있었던 세력은 몽골 중부와 서부에 군림하던 케레이드 옹 칸과 나이만 타양 칸뿐이었다.

타타르를 공격한 칭기즈칸의 전술은 "우세한 병력을 집중해서 적을 각개격파하라"고 한 마오쩌둥의 전술과도 일치한다. 서로 다른 시대, 다른 지점에서 이렇게 유사한 전술을 구사했던 것이 역사의 우연일까? 나는 지혜의 힘이라고밖에 달리 설명할 방도가 없다.

"적의 적은 우리의 친구가 될 수 있다. 일시적인 친구라도 좋다."

당신이 천하의 패권을 움켜쥐고 만물을 내려다볼 만한 역량을 아직 가지지 못했다면 칭기즈칸의 이 말을 기억해두는 것이 좋다. 비즈니스는 전쟁이다. 비록 형태는 다르지만 그 속에 내재된 이치는 너무나도 흡사하다. "영원한 적은 없다. 영원한 이익이 있을 뿐이다"라는 말은 현대 기업 경영에서 매우 빈번하게 운용되는 전략이다. 당연히 시대의 변천과 더불어 형식의 차이는 있다. 하지만 그 본질은 영원히 변하지 않는다. 그것은 곧 승리, 'Win'이다.

믿어지지 않는다면 다음 사례들을 보자. HP가 컴팩을 합병함으로써 숙적이었던 그들은 눈 깜짝할 사이에 친구가 되었다. 또 로레알은 중국 최고의 화장품 회사 위시(羽西)를 합병했다. 근래 최고의 핫이슈는 당연히 레노보가 빅 블루(Big Blue) IBM의 PC사업부를 인수 합병한 사건이다. 이 인수 합병에 대해 실리콘밸리 사람들 대다수가 두 회사가 윈-윈할 수 있을 것으로 내다봤다. 왜냐하면 100% 중국 국내 시장에만 의존하고 있던 레노보는 세계 시장에 진입할 수 있는 루트를 확보했고, IBM은 적자의 악몽에서 벗어나지 못하고 있는 PC사업을 정리할 수 있었기 때문이다. 오늘날 수많은 기업들이 이합집산을 거듭하고 있다. 목적은 단 하나, 바로 승리다.

혹자는 칭기즈칸이 원했던 것은 혼자만의 승리였지만 현대 기업 협력의 전제는 윈-윈인데 어떻게 양자가 같을 수 있느냐고 반문할 수도 있다. 그러나 그렇지 않다. 칭기즈칸이 전쟁에 참여했던 것은 금나라의 요청에 의한 것이었으며, 금나라 역시 전쟁을 통해 이익을 얻었다. 어쩌면 당시 역사적 상황에서 군주에게 윈-윈의 마인드가 더욱 필요했을지도 모른다.

만약 자국의 이익만 생각하고 다른 나라의 이익은 무시한다면 자국도 언젠가는 반드시 피해를 입게 된다. 서하는 칭기즈칸에게 공격당할 때 금나라에 지원을 요청했다. 하지만 금나라는 어부지리를 노리고 출병을 거절했다. 서하가 멸망하고 얼마 후 금나라의 만리장성은 칭기즈칸의 말발굽 아래 짓밟히고 있었다.

반면 칭기즈칸은 케레이드 옹 칸이 나이만의 공격으로 위험에 처했다는 소식을 전해듣고 즉각 장수를 보내 옹 칸을 구했다.

진리는 세월이 흘러도 변하지 않는다. 현대 사회에서 기업뿐만 아니라 우리 같은 보통사람도 칭기즈칸의 말을 가슴에 깊이 새겨야 한다. 그러면 "적의 적은 우리의 친구가 될 수 있다"라는 명언이 아주 활용도가 높다는 사실을 알게 될 것이다.

고난은 인생의 디딤돌이다

고난은 사람을 강하게 만들기도 하지만 사납게 만들기도 하며,
사람을 인내하게 만들기도 하지만
잔인하고 무자비하게 만들기도 한다

아버지 예수게이가 타타르 사람에게 독살당한 후 후엘룬 부인과
아이들은 곧바로 부족에게서 버림받았다. 그들은 귀족에서 최하층
신분으로 곤두박질했다. 그러나 어머니의 영향으로 소년 칭기즈칸
은 고난 속에서도 일찍 철이 들었다.

"나는 잘 알고 있다. 우리에게 소나 양은 없지만 너른 초원이 있
고, 또 부락민은 없지만 두 손이 있다는 사실을! 더 중요한 것은 우
리 마음속에 증오가 있고 어깨에는 무거운 임무가 있다. 반드시 살
아남아야 한다!"

고난은 요술거울과 같아서 생명을 더욱 강인하게 만들기도 하지
만 마음 깊은 곳에 잠재된 야만성과 잔인함을 깨우기도 한다.

어느 날 칭기즈칸은 카사르와 함께 강가에서 물고기 한 마리를

213

낚았다. 햇빛을 받은 물고기는 몸 전체가 은색으로 반짝였다. 아이들은 즐거워했고 칭기즈칸은 물고기를 어머니에게 드릴 생각이었다. 그런데 이복형 벡테르가 물고기를 빼앗아갔다.

칭기즈칸과 카사르는 매우 화가 났다. 카사르는 어금니를 꽉 깨물며 말했다.

"어제도 새 한 마리를 잡았는데 쟤들이 빼앗아갔어. 오늘 어머니에게 주려고 잡은 물고기를 또 빼앗아가다니. 이렇게 하면 어떻게 한 지붕 아래서 얼굴을 맞대고 살지?"

칭기즈칸도 눈을 부라리며 말했다.

"죽여버리겠어!"

칭기즈칸과 카사르는 벡테르를 찾아가 앞뒤로 길을 막아섰다. 벡테르는 도망갈 구멍이 없다는 것을 알고 땅바닥에 앉아 큰 소리로 말했다.

"테무친! 타이치오드족이 우리에게 준 고난은 아직 끝나지 않았다. 누가 복수를 할 수 있을지도 아직 모른다. 그런데 왜 나를 눈엣가시처럼 보는 거냐?"

그리고는 눈을 감고 조용히 죽음을 기다렸다. 칭기즈칸과 카사르는 앞뒤에서 화살을 쏴 그를 죽이고 말았다.

후엘룬 부인은 이 소식을 듣고 크게 비통해했다. 그녀는 통곡을 하며 벡테르의 몸에서 뽑아낸 화살로 칭기즈칸을 마구 때렸다.

"테무친! 너는 친구를 죽이고 이웃을 잡아먹는 잔인한 놈이다! 사람 구실 못하는 너를 때려죽여야겠다. 우리에게는 그림자 말고는 친구가 없고 말꼬리 말고는 채찍이 없다. 어떻게 형제를 죽일

수가 있느냐!"

어머니의 호통으로 잠시 이성을 잃었던 칭기즈칸은 처음으로 후회가 무엇인지 뼈저리게 깨달았다.

"고난은 사람을 강하게 만들기도 하지만 사납게 만들기도 하며, 사람을 인내하게 만들기도 하지만 잔인하고 무자비하게 만들기도 한다."

고난은 항상 사람들이 미처 손 쓸 겨를도 없이 찾아온다. 그 충격 또한 엄청나다. 고난은 육체적인 고난과 정신적인 고난을 포함한다.

우리는 고난을 막지 못한다. 그렇지만 고난을 대하는 태도는 선택할 수 있다. 강인하거나 유약하거나 인내하거나 폭발하거나, 그리고 우리의 선택 결과는 단 두 가지다. 무너지거나 새로 태어나거나.

고난은 소년 칭기즈칸의 순진한 본성을 앗아가고 형을 죽이게 만드는 한편, 소년 칭기즈칸에게 강인함을 가르치고 새로운 생명을 부여하는 양면성을 가지고 있다.

중국에는 고진감래라는 말과 함께 "더욱 힘든 고난을 이겨내야만 다른 사람의 위에 올라설 수 있다"라는 말이 있다. 이 말은 모두 고난에 부딪혔을 때 인내하고 희망을 가지라는 것이다. 큰 고난을 겪은 뒤에야 평온이 찾아오기 마련이다.

그렇다면 언제나 고진감래의 순간이 찾아오고, 더욱 힘든 고난을 이겨낸 사람 모두가 다른 사람 위에 올라설 수 있을까? 꼭 그렇지만은 않다. 고난은 인생에서 반드시 겪게 되는 것이지만 '고진' 한

다음에 반드시 '감래' 하는 것은 아니다. 이는 고난 속에서 어떤 선택을 하느냐에 따라 달라진다.

좌구(左丘)는 실명한 뒤에 춘추시대의 역사를 나라별로 정리한 『국어(國語)』를 남겼고, 손자는 두 다리를 잃고서 병법을 정리했다. 월왕 구천은 나라를 빼앗기고 속국으로 전락했지만 와신상담하며 마침내 오나라를 무너뜨렸다. 사마천(司馬遷)은 치욕 끝에 '사가(史家)의 절창(絶唱)이며 가락 없는 이소(離騷)'라고 평가받는 『사기(史記)』를 남겼다. 노신은 어린 시절 가세가 몰락하면서 상전벽해 하는 인간 세상을 알게 되었다. 이처럼 승리자들은 청사에 길이 이름을 남겼고, 수많은 범인은 역사의 먼지 속에서 아득히 사라졌다. "고난은 인생의 디딤돌이다"라고 한 발자크의 말은 더욱 멋지다.

고난은 자부심을 가져도 좋은 인생의 재산이다. 지난날의 고난을 얘기할 때, 당신은 절대 비굴하지 않고 오히려 자랑스러울 것이다. 당신의 고난을 듣는 사람들은 흥미진진한 당신의 얘기에 깊이 빠지고 존경하는 마음을 갖게 될 것이다.

하지만 아직 고난에서 벗어나지 못한 상태라면 어떨까? 당신이 입을 열면 그것은 신세 한탄이며 동정심을 구걸하는 것이다. 당신이 고난 속에서 인격을 연마하고 강인함을 배운다고 말해도 믿어주는 사람은 없다. 사람들은 당신을 자기 합리화를 시도하는 정신적 승리자라고 말할지도 모른다. 현재의 고통을 드러내면 동정심을 유발할 수 있을지는 모르지만 동시에 업신여김도 함께 받게 된다. 당신이 겪고 있는 오늘의 고난을 잘 기억해두었다가 성공한 후 사람들에게 들려주기 바란다. 그러면 사람들은 당신의 고난을 성공담으로 받아들이게 될 것이다. 성공하지 못한 사람의 고난은 단지 패배일 뿐이다. 당신이 고난을 이기고 그 고난을 재산으로 바꿀 수 있는 강자가 되길 기대해본다.

인간 세상에는 수많은 고난이 있는데, 대체로 천재(天災)와 인재(人災)의 두 가지로 분류할 수 있다. 천재는 홍수나 가뭄, 지진 등의 재난으로, 천재가 닥쳤을 때 사람들은 대자연을 향한 인간의 의지를 보여준다. 인재는 사람에게서 비롯된다. 사람이 일을 잘못 처리하면 재난이 생긴다. 전쟁이나 교통사고 등은 모두 인재에 속한다.

닥쳐오는 고난을 피할 수 없을 때는 담담하게 받아들여라. 오늘날 우수한 인재의 정의에는 위기 상황에 대처하는 능력도 포함된다. 사실 이 점은 예전이나 지금이나 마찬가지일 것이다. 단지 과거에는 지금처럼 분명하게 제시되지 않았을 뿐이다.

예수 그리스도도 끝없는 고난을 겪었다. 그는 사랑을 실천하기 위해 십자가에 못 박혔다. 그러면서도 그는 고난을 유익하다고 말하면서 받아들였다.

우리는 좀 더 용감해질 필요가 있다. 고난이 찾아올 때 그것을 받아들일 심리적 채비를 해두자. 그리고 그 고난이 우리를 강인한 사람으로 단련시키기를 기다리자. 그때쯤이면 당신도 스스로에게서 뿜어져 나오는 에너지에 감탄하게 될 것이다.

악조건에서도 약속은 반드시 수행하라

눈보라가 몰아쳐도 약속을 어기지 않고
장대비가 쏟아져도 기한을 지킨다

황권을 위협한 샤먼 쿠쿠추를 처형한 후 칭기즈칸은 그의 아버지 뭉릭과 나머지 여섯 아들을 앞에 두고 말했다.

"그대가 자식을 잘 가르치지 못한 탓에 나와 맞서려다가 화를 자초했소. 그대들의 행실을 알았으니 알탄과 코차르, 자모카에게 했던 대로 그대들을 처벌해야겠소."

하지만 칭기즈칸은 뭉릭과 여섯 아들을 죽이지 않았다. 그는 뭉릭 일가가 베푼 은혜와 또 칸이 된 후 자신이 뭉릭에게 한 약속을 잊지 않고 있었다.

"당신은 내가 어렸을 적부터 줄곧 내편에 서서 많은 도움을 주었소. 특히 잊을 수 없는 일은, 옹 칸과 셍굼이 사돈을 맺자고 나를 유인했을 때 당신이 나를 말려준 덕분에 화를 면할 수 있었소. 이러한 그대의 공로는 영원히 기억되고 자자손손 잊지 못할 것이오."

칭기즈칸은 숨을 돌리고 다시 말했다.

"아침에 한 말을 저녁에 바꾸고, 저녁에 한 말을 아침에 바꾸는 사람은 세인들의 웃음거리가 될 것이오. 그리하여 나는 끓어오르는 분노를 삭이고 예전에 한 약속을 지켜 그대들을 사면하겠소."

칭기즈칸의 사전에는 '약속을 어긴다'라는 말은 없었다.

몽골로 파견됐던 남송의 사신 팽대아(彭大雅)는 『흑달사략(黑韃事略)』에서 "몽골인은 성품이 순박하고 열심이어서 식언(食言)을 하지 않는다. 거짓말을 하는 자는 사형에 처한다는 법령이 있어서 감히 속이거나 거짓을 행하지 못한다"라고 기록하고 있다. 칭기즈칸은 말한 것은 반드시 실천에 옮겼다. 그 과정이 아무리 어렵고 힘들어도 절대 수고를 아끼지 않았다.

코르치가 자모카를 떠나 칭기즈칸에게 귀순할 때 꿈 이야기를 들려주었다.

"꿈속에서 샛노란 암소를 봤습니다. 자모카 주위를 빙빙 돌다가 자모카의 집 수레를 들이받아 뒤엎더니 이번에는 자모카를 들이받았습니다. 자모카가 날렵하게 피하자 소는 나무에 머리를 받쳐 한쪽 뿔이 부러졌습니다. 그러자 자모카를 보며 흙을 파헤치면서 사람처럼 말을 했습니다. '내 뿔을 돌려다오!' 그러더니 암소가 자모카의 집 수레를 들어올리고 칭기즈칸의 뒤를 따라 평탄한 대로변을 달리면서 고함쳤습니다. '칭기즈칸, 이것은 하늘과 땅이 당신을 군주로 명하는 것이오!' 소가 싣고 온 것은 나라였습니다. 대칸의 중흥은 머지않아 실현될 것입니다."

칭기즈칸은 코르치의 선견지명에 기뻐하며 말했다.

"내가 군주가 되면 너에게 만호를 봉해주겠다!"

그러자 코르치가 말했다.

"서른 명의 미녀를 아내로 삼을 수 있도록 허락해주소서."

칭기즈칸은 참 재미있는 요구라고 생각하면서 승낙했다. 그러나 이 약속을 지키기 위해 칭기즈칸은 적지 않은 대가를 지불해야 했다.

1206년 칭기즈칸은 몽골을 통일한 후, 코르치를 만호장에 봉하고 직접 미녀 서른 명을 골라 아내로 삼을 수 있도록 허락했다.

코르치는 여자를 고르다가 산속의 부족 토마드족의 수령 타르곤 부인이 마음에 들었고, 그 부락 안에서 미녀 서른 명을 다 고르겠다고 요구했다. 타르곤 부인은 이를 강경하게 거부하며 코르치를 이리 서른 마리와 함께 가두어버렸다.

코르치를 구하기 위해 칭기즈칸은 어머니의 양자인 보로골을 보냈다. 그런데 보로골은 숲에서 길을 잃고 헤매다가 타르곤 부인이 쏜 화살에 맞아 죽었다.

신의를 중시하고 내뱉은 말을 반드시 실천에 옮기는 것은 칭기즈칸과 몽골족의 두드러진 특징이다. 하지만 이 일로 인해 많은 번거로움이 생겨났다. 코르치가 미인을 고르겠다고 나서자 타르곤 부인이 반란을 일으킨 것이다. 또 칭기즈칸은 반란을 평정하기 위해 많은 희생을 치러야 했다. 그런데도 칭기즈칸은 자신의 약속을 어기지 않고 여전히 코르치의 요구를 들어주었다.

대장 나야아가 타르곤 부인과 부족민을 사로잡을 계책을 내어 성공적으로 코르치를 구해내고 숲속 부족의 반란을 평정했다.

사건이 수습된 후 코르치가 자발적으로 사죄했다.

"대칸! 제가 토마드의 반란을 야기하고 보로골을 죽게 했습니다. 벌을 내려주소서!"

칭기즈칸은 눈을 부릅뜨고 말했다.

"네 죄는 용서할 수 없다! 하지만 나의 말 한 마디는 천금과 같아서 절대 바뀌지 않는다. 토마드족 내에서 미녀 서른 명을 고르도록 하게!"

'말에는 반드시 신의가 있어야 한다' 는 것은 그 옛날 유학자들의 폐부 깊은 곳에서 터져 나온 외침이었다. 그것은 속고 속이는 암투 속에서 빛을 바래기도 했고, 수많은 선비들이 평생 엄격하게 지켜온 행동 규범이 되기도 했으며, 벼락 출세를 위한 음흉하고 교활한 무리의 가면이 되기도 했다. 그것은 너무나도 간단해서 막 글을 배우는 아이조차도 그 이름을 부를 수 있는 반면, 너무나도 복잡해서 새까맣게 잊어버리는 사람들도 있다.

미생(尾生)이라는 옛사람의 이야기는 현대인들에게 큰 감동을 준다. 어느 날 미생은 한 여인과 다리 밑에서 만나기로 약속했다. 그런데 여인은 어쩐 일인지 사흘이 지나도 나타나지 않았다. 그러는 사이 물난리가 났다. 다리 기둥을 부여잡고 여인이 오기만을 학수고대하던 미생은 그만 물에 휩쓸려 죽고 말았다. 미생은 미련해 보일 정도로 끈기 있는 군자다. 그는 그다지 중요해보이지 않는 약속 때문에, 또 영혼 깊은 곳에서 스스로에게 한 약속 때문에 용감하게 목숨을 바쳤다. 그에게서 우리는 칭기즈칸과 똑같은 품성을 발견할 수 있다.

인간적 매력이 넘쳐났던 먼 옛날, 군자들의 유유자적한 풍류 뒤에는 성실과 신용과 신념을 끝까지 지키는 정신이 바탕이 되고 있었다.

진시황을 암살하는 임무를 띠고 쓸쓸하게 역수(易水)를 건넜던 형가(荊軻), 설마 그리고 고향과 조국에 대한 미련이 없었겠는가? 또 호랑이굴에 들어가는 공포와 위험을 왜 몰랐겠는가? 하지만 그는 정의를 위해 뒤돌아보지 않고 나아갔다. 군주에 대한 충성과 맹세에 대한 약속을 가슴에 품고서 결연히 행동했다.

화씨벽(和氏璧)을 손에 쥐고 진(秦)나라 소양왕(昭襄王)의 어전에서 돌기둥에 이를 깨뜨리겠다고 협박한 인상여(藺相如)가 진왕의 음흉하고 탐욕스러운 마음을 몰랐겠는가? 그는 출발 전에 화씨벽을 온전하게 조나라로 가져가겠다는 굳은 언약을 했다. 그는 약속을 지키기 위해 험난한 길을 떠났다. 그리고 용감하게 나라의 이익을 지켜내고 자기와의 약속 역시 지켜냈다.

"눈보라가 몰아쳐도 약속을 어기지 않고 장대비가 쏟아져도 기한을 지킨다"는 굳은 신념이 있었기에 제왕과 장상은 세상을 뒤엎는 위업을 달성할 수 있었으며, 현자들과 귀향 온 관리들은 불후의 명문을 남길 수 있었다. 평범한 미생조차도 역사의 시공 안에서 이야깃거리가 되고 있다.

약속을 지킬 줄 모르는 영혼은 공허하고 세상에서 유리되어 있다. 고향을 잃어버린 나그네와도 같고 뿌리 없는 나무와도 같으며 수원이 없는 강과도 같다. 타락할 수밖에 없고 시들고 메마를 수밖에 없다. 모두들 자신의 영혼으로 약속을 하기 바란다. 칭기즈칸과 미생이라는 사내, 그리고 수많은 평범한 또는 평범하지 않은 사람들의 본보기가 있지 않은가.

자신에게 엄격하라

몸을 다스리고 싶다면 먼저 마음을 수양하고
남을 탓하고 싶다면 먼저 자신을 탓하라

칭기즈칸은 생사가 걸린 전쟁에서건 별로 주의를 끌지 않는 사소한 일상에서건 언제나 스스로 모범이 되고자 노력했다. "몸을 다스리고 싶다면 먼저 마음을 수양하고, 남을 탓하고 싶다면 먼저 자신을 탓하라"라고 스스로 말한 것을 실천했다.

칭기즈칸은 일생 동안 치른 거의 모든 전쟁에서 몸소 전방에 나서 여러 장수들과 함께 생사를 넘나들었다. 나이만족과의 전투에서도 직접 선봉이 되어 적진을 뚫고 진격해, 나이만의 타양 칸은 극도의 공포와 불안으로 전쟁도 하기 전에 무너져버렸다.

칭기즈칸은 술을 마시게 되면 정신이 흐려진다고 늘 생각해왔던 터라, 어느 날 부하들의 폭음을 금지시켰다.

"술에 취한 사람은 장님이 되어 아무것도 보지 못한다. 또한 귀머거리가 되어 아무리 고함쳐 불러도 듣지 못하고, 벙어리가 되어 누가 물어도 대답하지 못한다. 술은 좋은 점이 없다. 지혜와 용기를 키우지도 못하고 선행과 미덕도 이끌어내지 못한다. 사람들은 술에 취했을 때 오로지 살인과 싸움 같은 나쁜 일만 저지를 뿐이다."

"만약 술을 못 참겠다면 한 달에 세 번만 맘껏 마셔라. 세 번을 넘어서면 실수를 하게 될 것이다. 두 번만 마시겠다면 더욱 좋고, 한 번만 마시겠다면 더더욱 기쁜 일이다. 전혀 술을 마시지 않겠다면 그 이상 좋은 일이 없다."

금주령을 내린 칭기즈칸은 당연히 자신부터 모범을 보였다. 여기 술과 관련된 칭기즈칸의 일화를 보면 알 수 있다.

웅구드족은 흑수(黑水) 일대에 거주하고 있었으며, 왕성(王城)은 백령묘(百靈廟)에서 동북쪽으로 20킬로미터 거리에 있는 올론숨에 있었다. 타양 칸의 사신이 웅구드에 도착해서 수령 알라코시에게 타양 칸의 교지를 전달했다.

"나는 동방에 제왕이라고 칭하는 자(칭기즈칸을 가리킴)가 있다고 들었다. 하늘에는 두 개의 태양이 없거늘 백성들에게 어찌 두 명의 왕이 있겠느냐? 내가 너를 우익으로 명하노니 우리와 함께 그들의 화살통을 빼앗자!"

알라코시는 타양 칸의 제의를 거절했다. 그는 요코난을 테메엔 초원으로 보내 나이만족이 공격하려 한다는 소식을 칭기즈칸에게 알렸다. 이 말을 듣고 감격한 칭기즈칸은 술을 연거푸 세 잔 마신 다음 말했다.

"나는 더 마시고 싶으나 많이 마시면 정신이 흐트러질 것 같다."

그후 칭기즈칸은 웅구드와 함께 나이만을 공격하기로 협정을 맺었다.

1204년 4월 16일, 칭기즈칸은 4만 대군을 이끌고 나이만으로 출정하면서 웅구드족을 선봉으로 삼았다. 7월 1일, 나이만의 타양 칸은 포위당한 가운데 마구잡이로 날아드는 화살에 맞아 병사들 틈에서 죽었다.

옛이야기가 하나 생각난다. 태평군(太平軍)이 영안(永安)에 있을 때였다. 동왕(東王) 양수청(楊秀淸)의 부하가 정해진 기일 내에 급하게 군량미를 조달해야 하는 임무를 받고 백성들의 벼를 벴다. 양수청은 이것이 이제 막 궐기한 태평군의 이미지와 명성에 악영향을 미치는 아주 심각한 상황으로 판단했다. 그래서 그는 곧 벼를 모두 돌려주고 사람들에게 사과하라는 명령을 내렸으며, 군기를 엄격히 세우기 위해 사고를 친 두 명의 군관을 공개 처형하기로 결정했다. 백성들의 인정어린 호소로 두 명의 군관은 곤장 백 대를 맞고 사형을 면할 수 있었다. 인상적인 것은 양수청이 부하를 때리기 전에 자신을 먼저 백 대 치라고 명령한 점이다. 당시 동왕은 군기를 엄격히 세우기 위해 솔선수범하고 말은 반드시 실천에 옮겨 책임을 회피하지 않았다. 이런 리더는 뛰어난 설득력을 가지고 있다.

훌륭한 리더는 먼저 자신의 자리를 지위나 특권이 아닌 책임으로 받아들인다. 문제가 발생했을 때 그들은 먼저 자신을 탓한다. 필요한 경우에는 기꺼이 부하를 대신해서 책임을 지기도 한다. 대부분의 경우 부하의 실수와 잘못은 관리상의 허점과 문제를 반영하는 것이기 때문이다.

양수청은 부하의 잘못이 최종적으로 자신에게 책임이 있다고 생각했다. 그는 부하의 잘못도 자신의 잘못으로 받아들이고 부하의 성공도 자신에 대한 위협이 아닌 자신의 성공으로 받아들였다. 그는 최종 책임은 다른 사람이 아닌 자기 자신이 져야 한다는 사실을 알았으며, 조수나 부하의 힘이 커지는 것도 두려워하지 않았다. 그래서 그는 늘 능력 있는 부하를 원했다. 그는 부하를 격려하고 이끌어주면서 그들의 성과를 자랑스러워했다.

칭기즈칸도 리더로서의 책임을 분명하게 파악하고 몸소 병사들 앞에 나섰다. 그래서 그는 일편단심 변하지 않는 충성심을 가진 신하들을 얻을 수 있었다.

앞서 말한 원칙을 고수하면 언제든 강력하고 효율적인 리더십을 발휘할 수 있다. 이 기본 원칙을 무시하면 부하에 대한 리더십은 필연적으로 비효율적이고 무력하게 된다. 이 점은 훗날 양수청이 비극의 순간으로 한 발 한 발 나아가는 과정에서 분명한 교훈을 얻을 수 있다.

태평군이 연전연승을 거두면서 양수청은 더 이상 영안에서 군사를 이끌던 그 양수청이 아니었다. 남경에 도착한 후 그는 완전히 다른 사람으로 돌변했다. 수많은 신하들 앞에서 천왕(天王) 홍수전(洪秀全)을 장형(杖刑)에 처하고 벼슬을 올려달라고 협박하는 등 횡포가 심해졌다. 그래서 그의 부하였던 위창휘(韋昌輝) 등이 홍수전의 묵인 하에 동왕부(東王府)를 기습하여 대숙청을 단행했다. 어찌 보면 이는 당연한 결과였다.

양수청의 변화 과정에서 가장 핵심적인 변화는 그가 더 이상 자신의 위치를 책임이 아닌 지위와 특권으로 보게 되었다는 점이다. 그는 더 이상 부하들의 모범이 되고자 스스로를 일깨우지 않았으며, 자신은 언제든 부하들과 구별된다고 생각했다.

양수청 외에도 이자성(李自成), 홍수전 등 농민 봉기를 이끌었던 인물들을 살펴보면 다양한 실패 원인이 있다. 하지만 한 가지 공통점이 있는데, 그들은 이런저런 큰 성과를 거둔 후 자신의 위치를 더 이상 책임으로 보지 않고 지위와 특권으로 인식하기 시작했다는 점이다.

병사를 이끌고 전투에 참여하는 것과 부하직원을 관리하는 것은 많은 차이점이 있다. 하지만 차이점만큼 유사점도 많다. 어떻게 훌륭한 리더가 될 것인가; 그 비결은 칭기즈칸이 솔선수범해서 술을 자제하고 직접 앞장서서 전투를 이끌며 유라시아 대륙을 휩쓸던 과정 속에 담겨져 있다. 또한 스스로 곤장 백 대를 청하던 양수청이 천왕을 장형에 처하고 벼슬을 올려달라고 강요하다가 결국 동왕부에서 비참하게 숙청당한 흥망의 과정 속에도 타산지석의 교훈이 있다. 우리는 이런 역사적 사실을 통해 기업 경영에 도움이 될 만한 많은 가르침을 얻을 수 있다.

기업 경영에서도 남을 탓하기 전에 자신을 먼저 탓하는 것이 실수를 방지하는 가장 효율적인 방법이다. 가능한 한 많은 잘못을 자신의 탓으로 돌리면 부하직원은 분명 당신의 인격을 존경하고 더 많은 노력을 기울일 것이다. 당신과 함께 일하는 사람들이 배은망덕한 무리가 아니라면 말이다.

리더는 자신에게 엄격해야만 다른 사람을 살필 수 있다. 부하직원들은 당신을 기준으로 삼는다. 허구한 날 지각하는 상사가 부하직원들에게 일찍 나오라고 요구하는 것은 어불성설이다.

모든 리더는 스스로 모범이 되어 자신에게 엄격함을 요구하는 품성을 가져야 한다. 국가, 기업 심지어 가정에서까지 명령을 내리고 권위를 세우고 싶다면 우선 당신 자신부터 잘 다스려라.

교만은 사람을 타락시킨다

절대로 승리에 자만하지 말라

나이만족이 칭기즈칸에게 패망한 후, 나이만의 왕위 계승자 구출룩은 서요로 도망쳤다. 1208년, 서요의 마지막 군주 구르 칸이 그를 받아들였다. 구르 칸은 실의에 빠진 왕자를 거두어들이고 자신의 부마로 맞이했다. 하지만 1211년 구출룩은 구르 칸을 잡아들이고 왕위를 찬탈했다. 칭기즈칸은 수년간에 걸쳐 구출룩의 흉포한 행동을 목격하고, 구출룩을 제거하고 서요를 점령할 시기가 도래했다고 판단했다.

1218년, 칭기즈칸은 제베를 보내 구출룩을 공격했다. 제베는 단 몇 주 만에 서요와 동투르키스탄 전역을 정복했다. 칭기즈칸은 대장 제베가 혁혁한 전공을 세운 후 교만한 마음이 생길까 걱정되어 사람을 보내 제베에게 일렀다.

"절대 승리에 자만하지 마라. 옹 칸, 타양 칸, 구출룩 등 모두가

230

교만으로 망했다."

케레이드의 옹 칸, 나이만의 타양 칸, 구출룩은 모두 자만과 교만에 빠져 연달아 패망했다.

이 말은 칭기즈칸의 군대가 연전연승할 수 있었던 비결을 밝히고 있다. 칭기즈칸은 겸허하고 신중한 태도로 강력한 적수들을 차례차례 물리치고 마침내 칭기즈칸이라는 칭호를 얻게 되었다. 칭기즈칸은 케레이드, 나이만을 성공적으로 제거하고 점차적으로 몽골의 각 부족들을 통일해나갔다. 하지만 그는 결코 소기의 성과에 안주하지 않고 숙적 금나라를 공격했다.

1211년 가을, 칭기즈칸은 금나라로 출정했다. 그전에 칭기즈칸은 금나라의 신하임을 자처하고 조공을 바치면서 금나라의 허실을 치밀하게 파악했다. 그는 경거망동하지 않으며 적을 관찰하는 한편, 이웃 부족과 나라를 끊임없이 정복하면서 실력을 키워나갔다. 세 차례의 출정을 통해 일단 서하를 물리침으로써 앞뒤 양쪽에서 적의 압박을 받게 될 위험을 미리 차단했다. 치밀한 계획을 거친 몽골 군대는 만리장성을 넘어 금나라로 대거 진격했다. 불과 몇 년 만에 금나라는 철저하게 붕괴됐다. 금나라는 공주를 받치면서 강화를 요청하고 하남으로 밀려났다.

칭기즈칸이 제베에게 교만하지 말라고 당부한 것은 어찌 보면 쓸데없는 기우였다. 네 충신 가운데 한 명인 제베는 활솜씨가 특출났고 그 누구보다도 영민했지만 승리에 자만할 사람이 결코 아니었다. 그후에도 제베는 카프카스산맥을 넘어 킵차크와 러시아 연합군을 격파하는 대활약을 펼쳤다.

사람은 역경에 처했을 때 장점이 충분히 드러나기 마련이다. 언제나 겸손하고 행동에 실수가 있을까 매사에 조심하게 된다. 분수를 망각하거나 맹목적으로 낙관하지도 않는다. 하지만 성공을 거두고 나면 달라지는 것이 또 인지상정이다. 눈앞에 보이는 화려한 실적과 찬사 앞에 쉽게 도취되어 예의 겸손함과 신중함은 자취를 감춘다. 결국 편안함 속에 빠져 지내다가 적들에게 재기의 기회를 주게 된다.

역사상 이와 같은 사건은 너무나도 많다. 춘추시대 오왕 부차(夫差)는 연거푸 승리를 거둔 후 교만에 빠져 적을 풀어주는 후환을 남겼다. 편안함에 빠져 위기를 잊고 있던 어느 날, 월왕 구천에게 설욕할 기회를 주고 말았다.

적벽대전(赤壁大戰)에서 우위에 있던 조조가 결국 손권과 유비에게 패하게 된 것도 너무 자만에 빠졌기 때문이다. 전함이 불타기 전 조조의 모습을 보자. 그는 뱃머리에 서서 강물에 술을 뿌린 후 술잔 가득 술을 부어 연속 세 잔을 들이키고 횡삭부시(橫槊賦詩)를 읊었다.

"나는 긴 창으로 황건적을 격파하고 여포를 사로잡았고 원술을 제거했고 원소의 땅을 빼앗았다. 위로는 새북으로 동으로는 요동까지 천하를 종횡하는 동안 나의 창은 한번도 사내대장부의 뜻을 꺾지 않았다."

이 얼마나 오만방자한 노래인가. 이때 이미 그의 패배는 예정되어 있었다.

제갈근(諸葛瑾)의 아들 제갈각(諸葛恪)은 어린 시절 뛰어난 재주와 언변으로 이름났으며 젊은 시절부터 관직의 길로 들어섰다. 위나라가 오나라를 쳐들어왔을 때 연이은 승리를 거두자 제갈각은 교만에 빠졌다. 그러다 결국 전쟁에서 대패하게 되었고 인심을 잃은 그는 모반죄를 뒤집어쓰고 처형되었다. 그의 시체는 공동묘지에 쓸쓸하게 버려졌다.

이자성(李自成)도 승리와 성공에 도취되어 실패한 인물이다. 그는 장장 18년 동안 투쟁을 벌여 마침내 천하를 손에 넣었지만 18일 천하로 막을 내렸다. 이는 매우 잘 알려진 유명한 사건이다. 그러나 그가 틈왕(闖王)에 등극한 후 역대 조정이 캄캄한 오경(五更 : 새벽 3시)에 외치던 구호를 바꾸었다는 사실을 아는 사람은 아마 극소수일 것이다.

일찍이 당나라 때 이세민과 위징(魏徵)은 '창업이 어려운가, 수성이 어려운가'를 두고 논쟁을 벌였다. 이를 바탕으로 주원장은 황제에 등극한 후, 태감을 시켜 매일 오경에 궁중에서 "창업도 어렵고 수성 역시 어렵다"라고 외치게 했다. 그는 군신과 제장들이 창업의 성과에 교만하지 않고 항상 경각심을 유지하도록 일깨웠다. 하지만 이자성은 북경에 입성한 후 수백 년을 이어온 전통을 아주 간단하게 바꿔버렸다. 그는 날마다 궁중에서 "천하태평"이라고 외치게 했다.

교만으로 생긴 수많은 역사의 비극은 노자의 말을 실증하고 있다.

"금과 옥이 집에 넘쳐나도 그것을 지킬 수가 없고, 부귀하다고 교만하면 화를 자초하게 된다."

사람들은 교만하지 말고 겸손해야 한다는 것을 무엇보다도 잘 알고 있다. 하지만 수천 년이 지난 오늘날에도 이러한 비극은 계속해서 반복되고 있다. 교만은 통제할 수 없는 이기심이기 때문이다. 교만은 두더지처럼 하나를 막으면 눈 깜짝할 사이 또 하나가 고개를 든다. 이쪽을 막으면 저 쪽에서 또 다른 교만이 고개를 들고 그렇게 교만은 자꾸만 누적된다.

교만한 사람은 자기가 항상 최고라고 생각한다. 또 다른 교만한 사람은 앞의 교만한 사람은 아무것도 아니며 자신만이 최고라고 여긴다. 하지만 교만한 사람은 자신의 생각에 대해 전혀 문제 의식을 갖지 못한다. 그들은 자신보다 높다고 생각하는 모든 사람은 틀렸으며 자신만이 올바르다고 굳게 믿는다. 교만한 사람은 일체의 비난을 두려워한다. 그의 위대함이란 결코 견고하지 않다. 그래서 두려움이 생겨나는 것이다. 스스로 만든 거품에 작은 구멍이라도 하나 생길라치면 그의 위대함은 무너진다.

진실은 영원히 변하지 않는다. 가볍고 엉성한 물체일수록 차지하는 면적이 크고, 얕은 개천일수록 시끄러운 소리를 낸다. 그 끝을 알 수 없는 바다는 잔잔한 흔들림만 있을 뿐 언제나 소리없이 흐른다. 승리에도 교만하지 않았던 칭기즈칸은 후세 사람들이 끝없이 칭송하는 영웅이 되었다. 하지만 교만했던 옹 칸과 타양 칸, 그 아들 구출룩은 역사의 한 모퉁이에서 슬프게 울고 있다.

배움을 게을리 하지 말라

사람은 좋은 머리를 가지고 태어났어도
배우지 않으면 지혜로울 수 없다

칭기즈칸은 "아무리 좋은 친구도 지혜보다 좋을 수는 없으며, 아무리 나쁜 적도 어리석음보다 나쁠 수 없다"라고 말했다. 여기에서 강조하는 것은 지혜다. 칭기즈칸은 머리가 좋다고 해서 다 지혜로운 것은 아니라고 생각했다. 좋은 머리를 가지고 태어났어도 배우지 않으면 지혜로울 수 없다. 영리한 머리는 선천적으로 타고날 수 있지만, 지혜는 반드시 후천적인 경험이 뒷받침되어야 한다. 영리함은 가볍고 빠르고 날카로운 것으로 표현되지만, 지혜는 깊고 무겁고 두터운 것으로 표현된다. 원수에게 반드시 복수하겠다던 영리한 소년이 초원의 용사가 되고 위대한 제왕이 되기까지 칭기즈칸은 영리함을 지혜로움으로 승화시켰다.

여러 가지 역사적 원인으로 칭기즈칸이 어떻게 군대와 나라를 다스렸는가에 대해서 글로 재현하기가 매우 어렵지만, 겸허하게 신

235

하의 간언을 받아들인 모습을 통해 그가 배우고 성장해온 궤적을 되짚어볼 수 있다.

점합중산(粘合重山)은 여진족의 귀족 출신이었다. 그는 금나라가 곧 멸망하리라는 것을 알고 고비사막 북쪽으로 도망쳐 칭기즈칸의 신하가 되었다. 몽골족은 천성이 호방하고 술을 좋아했다. 그래서 술로 일을 그르치게 되는 상황이 빈번하게 발생했다. 초원의 영웅인 칭기즈칸도 술을 매우 좋아했다. 그래서 점합중산이 그에게 간언을 올렸다.

"천자는 천하를 근심하는 자입니다. 천하의 근심을 모르면서 천하를 다스릴 수 있는 자는 없으며, 천하의 근심을 잊은 채 천하를 다스릴 수 있는 자도 없습니다. 술을 절제하지 못하고 향락에 빠지는 것은 천하의 근심을 잊는 대역죄입니다."

점합중산은 칭기즈칸에게 함부로 주연을 열지 말라고 간언했다. 그의 말을 귀기울여 듣던 칭기즈칸은 군사들에게 한 달에 세 번만 맘껏 술을 마시라고 명령했다.

어느 날 칭기즈칸은 한 이슬람교 법관과 이슬람 문제에 대해 토론을 벌이다가, 공교롭게도 호레즘이 칭기즈칸의 통상 사절을 살해한 사건을 거론하게 되었다. 칭기즈칸은 당시 복수전을 얘기하면서 후세에 길이 전해질 자신의 혁혁한 공적과 명예에 대한 생각을 물었다. 법관은 목숨을 살려주겠다고 약속하면 말하겠다고 대답했다. 칭기즈칸은 안전을 보장해주기로 약속했다. 그는 몽골 황제의 장수들이 너무 많은 사람들을 학살했기 때문에 살아서 몽골 황제의 이름을 입으로 말할 수 있는 사람은 거의 남아있지 않다고 대답했다. 대답을 들은 칭기즈칸은 노기충천해서 화살을 땅바닥에 꽂으면서 일어섰다. 법관은 곧 처형되리라 생각했다. 그때 칭기즈칸이 고개를 돌리며 말했다.

"만약 호레즘의 무하마드를 보호해줬다면 우리가 유린을 당했을 것이다. 하지만 이제 다른 나라의 수많은 국왕과 백성들이 나의 이름을 영원히 기억할 것이다!"

칭기즈칸은 항상 부하들에게 배움의 중요성을 강조했다. 그는 "만호장, 천호장, 백호장들이여, 연초와 연말에는 나의 성훈을 들어라"라고 선포했다.

1204년 나이만족을 공격할 때 포로가 된 타타통가에 관한 일화도 주목을 끈다. 타타통가는 본국의 위구르 문자에 정통했다. 칭기즈칸은 그에게 몽골 문자를 창시하라고 명령하고 국새를 사용하기 시작했다. 또 황태자들에게도 위구르 문자를 배우도록 명했다. 그로부터 학식 있는 위구르인들이 궁정으로 초빙되어 칭기즈칸의 자제들을 교육했다.

영리한 소년 테무친은 지혜로운 제왕 칭기즈칸이 되었다. 그런데 세상에 수없이 많은 잘난 사람들은 어떠한가? 자칭 똑똑하다고 잘났다고 하는 사람들은 지혜와는 거리가 멀다. 그들이 얼마나 많은 책을 읽었을지는 모르지만 단지 그것뿐이다. 그들은 어려운 고문에 하나하나 주석을 달 수 있다. 하지만 그들에게 지혜는 없다. 그들은 춘추시대 이후 위대한 창조의 능력을 상실해버린 듯하다.

철학의 원뜻은 '지혜를 사랑하다'이다. 고대 그리스의 도시 국가에서 수많은 젊은이들은 소크라테스라 불리는 한 사나이를 따르며 지혜를 얻고자 갈망했다. 공자 생전에도 수많은 제자들이 따랐으며, 사후 수천 년이 지난 오늘날에도 수많은 사람들이 흠모하고 존경한다. 하지만 안타깝게도 우리가 따르고 우러러보는 것은 그의 이론일 뿐, 오히려 선철의 지혜를 교조화하고 있다.

오늘날 수많은 기업들이 사상 유례가 없는 마케팅 전쟁을 벌이고 있다. 거액의 자금을 투입해 광고를 제작하고 홍보의 귀재를 영입해서 가능한 모든 수단을 동원해 언론 플레이를 시도한다. 마케팅 고수들은 홍보전에서 상대를 압도하기 위해 끊임없이 움직이고 있다. 그래서 빅모델 효과, 묻어가기 전략, 따라가기 전략 등등 이런 저런 홍보 전략이 다 나오고 있다. 이도저도 안 될 경우 마지막으로 가격에 승부를 건다. 사실 이런 똑똑함은 진정한 똑똑함도 아니오, 지혜도 아니오, 잔꾀일 뿐이다.

시시각각 변화하는 시장에서 똑똑하다고 하는 기업들은 시장을 관망하다가 편승하는 방법을 선택하지만, 진정 지혜로운 기업은 혁신과 돌파를 통해 자발적인 변화를 도모하고 시장을 만들어간다.

중국 대표 가전기업 하이얼은 한때 선택의 기로에 놓인 적이 있었다. 그때 그들은 과감하게 세계화의 길을 걸었다. 세계적인 PC업계의 공룡, 인텔은 다섯 번에 걸친 대규모 전략 수정을 거친 끝에야 비로소 성공할 수 있었다. 팜(Palm)은 소비자들의 실수요를 파악하여 간편하고 우수한 팜제품을 출시함으로써 팜 업계의 패주가 되었을 뿐 아니라, 핸드스프링(Handspring) 등 훌륭한 회사를 키워냈다. 이런 성공 스토리는 우리에게 지혜를 얘기하고 있다. 용감하게 혁신하고 지혜롭게 판단하면 구름은 걷히고 멋진 신세계가 열릴 것이다.

기업이건 개인이건 순간의 영리함만으로는 절대 자유로울 수 없다. 지혜만이 당신을 자유롭게 만들 것이다. 지혜로운 자는 정상에서 아래를 굽어볼 수 있다. 그럼 어떻게 지혜로운 자로 거듭날 수 있을까? 지혜로 가는 길에 대해서는 천년 전의 성인과 현자들이 이미 그 비결을 제시했다. 배움, 그 외에 다른 길은 없다.

공자는 이렇게 말했다.

"열 집쯤 되는 작은 마을에도 반드시 나와 같이 충직하고 성실한 사람은 있을 것이다. 그러나 나만큼 배우기를 좋아하는 사람은 없을 것이다."

공자는 박학다식하기로 유명하다. 사람들은 공자의 박학을 타고난 머리가 좋아서라고 생각할지도 모른다. 하지만 공자는 후천적인 노력으로 얻어진 것임을 강조하고 있다. 공자가 스스로 밝힌 학문에 대한 열정은 아무도 따라갈 수 없다. 선량한 마음씨는 따라갈 수 있는 자가 있을지 모른다. 이것은 공자도 장담하지 못했다. 하지만 학문에 대한 열정은 후천적인 정성과 노력이며 누구에게나 배움의 기회는 열려 있다. 공자는 학문하는 자세에서만큼은 전혀 겸손하지 않았다. 타고난 재능은 사람마다 다를 수 있다. 하지만 노력은 모든 사람이 할 수 있다. 공자는 날 때부터 총명했던 것이 아니라 열심히 배움으로써 싱공을 거두었다고 그 스스로가 밝히고 있다.

칭기즈칸은 "사람은 좋은 머리를 가지고 태어났어도 배우지 않으면 지혜로울 수 없다"라고 말했다.

칭기즈칸은 총명했기 때문에 몽골 초원에서 역경을 이겨내고 살아남을 수 있었다. 하지만 지혜롭지 못했더라면 칭기즈칸이 어떻게 칭기즈칸이 될 수 있었으며, 어떻게 그토록 광활한 영토를 개척할 수 있었을까.

쑨원은 "혁명을 제외하고 일생 동안 내가 좋아한 것이 있다면 그것은 바로 독서다. 하루라도 책을 읽지 않으면 살 수 없다"라고 말했다. 그는 『건국방략(建國方略)』을 통해 오늘날 이루어지고 있는 대규모 허브항 건설과 창장(長江) 싼샤(三峽)댐에 이르는 위대한 구상을 제시한 바 있다. 그것은 책 속에서 뽑아낸 정화와 뭇 사람들의 지혜를 그의 상상력과 결합시킨 불후의 선견지명이다.

지금 이 시대는 그 어느 시대보다도 더 냉혹한 현실에 있다. 조금만 배움을 게을리 해도 금방 낙오자의 대열에 끼고 만다. 과거 학생들이 대학에서 배운 지식은 최소 몇 년은 써먹을 수 있었지만 오늘날 대학생들도 과연 그렇다고 장담할 수 있겠는가?

칼은 갈지 않으면 녹이 슬고 사람은 배우지 않으면 뒤처진다. 개인도 마찬가지고 기업과 국가도 모두 마찬가지다. 학습형 조직의 창시자 피터 센게(Peter Senge)는 이렇게 강조했다.

"미래 사회에서 유일하게 지속되는 경쟁력이 있다면, 그것은 경쟁자보다 더 빠른 학습 능력이다."

선행이 좋은 결과를 가져온다

원한의 나무를 심는 자는 장차 후회의 열매를 거두게 될 것이다

유럽 사람들은 칭기즈칸의 군대를 '신의 채찍'이라 불렀고, 칭기즈칸이 일으킨 전쟁을 '황색 재앙'이라 부른다. 그러나 칭기즈칸이 일으킨 모든 전쟁에는 다 원인이 있었다.

1217년, 호레즘의 요충지 오트라르성에서 이날축(가이르 칸)은 탐욕스럽게 재물을 탐했다. 하지만 그는 이런 탐욕이 호레즘과 유럽에 어떤 재앙을 불러올지 전혀 예상치 못했다.

몽골 캐러밴은 오랫동안 산을 넘고 물을 건너 오트라르성을 눈앞에 두고 있었다.

토다이는 가죽주머니 안의 물을 한 모금 마시고 입술을 훔치며 말했다.

"아! 이제 곧 장사를 할 수 있는 땅에 도착하겠구나."

토다이의 무리는 오트라르성의 최고 관리인 이날축을 접견했다.

캐러밴이 가져온 진귀한 물건과 보석에 군침을 흘리던 이날축은 "몽골 상인들을 전부 잡아들이고 물건은 몰수해라. 그리고 저 450명의 몽골 첩자들을 처단한다는 포고령을 붙여라"라고 명령했다.

망나니가 광장에 큰 구덩이를 파고 몽골 상인의 머리를 베었다. 구덩이에는 잘린 머리와 시체가 산처럼 쌓여 선혈로 붉게 물들었다. 오늘날 국제 교류 속에서 수백 명의 상인이 의도적으로 살해됐다면 엄청난 국제 분쟁이 일어났을 것이다. 하물며 13세기에 두 세계 정복자 사이에 이 사건이 발생했으니 어떠했겠는가?

칭기즈칸은 자신의 캐러밴이 몰살당한 사실을 알고 비분강개했다.

"이날축은 재물을 보면 눈이 뒤집히는가? 내가 돈을 녹여 그의 눈에 부어버릴 것이다…… 몽골인의 존엄을 모욕한 대가를 반드시 치르도록 하리라!"

당시 몽골은 타양 칸의 아들 구출룩을 토벌하고 있었기에 더 이상 전쟁에 휘말리기를 원치 않았다. 그래서 일단 사절단을 호레즘으로 보내 살인마 이날축의 죄를 추궁했다.

몽골의 사절단이 호레즘의 수도 우르겐치에 도착하자 하마드 술탄 역시 몽골 사신을 죽였다.

"죽은 나무를 심으면 아무런 열매를 거둘 수 없다. 원한의 나무를 심는 자는 장차 후회의 과실을 거두게 될 것이다."

무하마드 술탄과 이날축은 호레즘을 한 발 한 발 파멸로 몰고 갔다. 모칼리가 "칼로 물을 베면 흔적이 남지 않지만 칼로 사람을 베면 상처는 아물어도 그 상흔은 평생토록 지워지지 않는다"라고 말했던 것처럼, 은원은 반드시 갚는 몽골인의 보복이 드디어 시작되었다.

1219년, 칭기즈칸은 15만 대군을 이끌고 호레즘으로 출정했다.

1220년, 몽골군은 부하라와 사마르칸트를 점령했다. 칭기즈칸은 제베와 수베에테이에게 호레즘 왕 무하마드 술탄을 추격하라고 명령했다. 그해 겨울 호레즘의 무하마드 술탄은 카스피해의 이름모를 섬에서 죽었다.

1221년, 칭기즈칸은 호레즘을 대파하고 잘랄딩 술탄을 인더스강까지 몰아냈다. 같은 해 조치, 차아다이, 우구데이의 군사가 우르겐치성을 점령했다. 몽골군은 우르겐치에 입성한 후 전대미문의 대학살을 단행했다.

1222년, 칭기즈칸은 발라에게 인더스강 가에 있는 잘랄딩을 추격하라고 명령했다.

콩 심은데 콩 나고 팥 심은데 팥 나는 것은 자연의 법칙이다. 모든 생명은 혼자 생겨날 수 없다. 이것은 불가에서 말하는 인연이기도 하며, 모든 사물의 발생에는 원인이 있다. 원인이 나쁘면 결과도 나쁘고 원인이 좋으면 결과 역시 좋다. 이것은 만고불변의 법칙이다.

1995년, 광둥중산아이뒤(廣東中山愛多) 전기회사가 정식으로 설립되고 후즈뱌오(胡志標)가 회장으로 취임했다. 그후 아이뒤는 VCD 사업에 착수했다.

1996년, 아이뒤의 생산 규모는 2억 위안(元)에 달했다.

1997년, 생산 규모가 16억 위안으로 늘어났고 그해 말 CCTV 광고 입찰에 참여하여 입찰가 2.1억 위안으로 1998년 최고 낙찰가를 기록했다.

1998년, VCD 시장이 위축되자 아이둬는 다각화 전략에 착수했다.

1999년, 아이둬의 문제가 점차 부각되기 시작했다. 12월, 광둥성 중산시 중급인민법원은 둥관훙창(東莞宏强) 주식회사 등이 채무자 아이둬를 상대로 낸 부채상환 파산소송을 접수했다. 이때부터 아이둬는 법적 절차에 들어갔다.

2000년 4월, 후즈뱌오는 경찰에서 구속 조사를 받았다.

2003년 6월, 중산시 중급인민법원은 후즈뱌오 사건에 대해 일심 판결을 내렸다. 후즈뱌오는 어음사기죄, 공금횡령죄, 자본금 허위신고죄로 징역 20년과 벌금 65만 위안을 선고받았다.

1995년 창립에서 2000년 체포될 때까지 채 5년도 안 되는 기간 동안, 후즈뱌오와 아이둬는 수차례 희비가 교차하는 경험을 했다. 후즈뱌오의 실패에는 여러 가지 이유가 있겠지만 그의 도박 심리가 치명적인 원인이 되었다.

아이둬는 전성기를 달릴 때 어떻게든 제품을 생산하여 광고를 내는 데만 열을 올렸다. 한편 회사가 위기에 처한 후에 후즈뱌오는 놀랍게도 공금 횡령, 어음 조작 등 범죄 행위에 손을 대기 시작했다. 그래서 결국 스스로에게 수갑을 채우는 꼴이 되었다.

당신이 하는 모든 행동에는 반드시 결과가 따를 것이다. 좋은 것과 좋지 않은 것, 삶은 그 모양 그대로 당신에게 되돌려줄 것이다. 원한을 심으면 후회의 과실을 거두고 선행을 심으면 행복의 과실을 거두게 된다.

한 실직한 부부가 길모퉁이에 만두 가게를 열었다. 그 동네 거지 세 명이 날마다 식사 시간만 되면 찾아와서 구걸을 했다. 부부는 언제나 그들에게 커다란 만두 두 개씩을 나눠줬다.

어느 날 밤, 의류도매상 사장이 노름에 빠져 물을 올려놓고 불 끄는 걸 깜빡 잊는 바람에 큰 화재가 났다. 골목 안에는 포목을 보관하는 대형 창고가 있어서 불길은 바람을 타고 순식간에 번졌다. 골목은 일순간 불바다가 되었다.

그때 하필이면 남편이 물건을 사러 시내에 나가 가게 안에는 여주인 혼자 남아 있었다. 힘도 없고 도와줄 사람도 없는 여주인은 힘들게 가꿔온 가게가 활활 타오르는 불길에 스러져가는 것을 보고 어쩔 줄을 몰랐다. 바로 그때 날마다 구걸하러 오던 거지 세 명이 어디에선가 불쑥 나타나 서둘러 가게 안의 집기들을 하나씩 들고 나와 피해를 최소한도로 줄일 수 있었다.

우리가 하는 모든 행동에는 원인과 결과가 반드시 존재한다. 지금 당신을 사랑하는 사람이 있는가? 만약 있다면 이는 당신이 먼저 그를 사랑했기 때문이다. 만약 없다면 그것은 당신이 사랑에 인색했기 때문일 것이다. 선한 마음은 물과 같아서, 타인을 촉촉하게 적시고 자신도 촉촉하게 적신다.

욕망의 포로가 되지 말라

미인과 명마는 누구나 다 좋아한다.
하지만 지나치게 탐닉하면 패가망신하게 된다

　많은 사람들이 칭기즈칸을 향락주의자라고 말한다. 이유는 라시드 앗 딘의 『집사(集史)』에 이런 기록이 있기 때문이다.

　어느 날 칭기즈칸이 세상에서 가장 즐거운 일이 무엇이냐고 묻자, 보오르초가 대답했다.

　"이른 봄에 좋은 옷을 입고 살진 말을 타고서 새로 털갈이를 한 매를 데리고 산비둘기 사냥을 가는 것이 최고의 즐거움입니다."

　칭기즈칸은 보로골에게 말했다.

　"너도 대답해 보거라!"

　"매가 공중에서 날카로운 발톱으로 비둘기를 낚아채는 걸 지켜보는 것이 사나이 최대의 즐거움입니다."

　칭기즈칸은 또 코빌라이의 아들들에게 물었다. 그들은 대답했다.

　"매사냥이 인생 최대의 기쁨입니다."

칭기즈칸이 이어서 말했다.

"모두들 대답이 시원찮다! 반란자를 진압하고 적을 무찌르는 것, 그들을 송두리째 흔들어놓고 그들이 가진 모든 것을 빼앗는 것, 그들의 여자들을 통곡하고 눈물 흘리게 만드는 것, 미끈한 등을 가진 그들의 준마를 빼앗아 타는 것, 아름다운 후궁들의 배를 잠옷과 베게로 삼고 그녀들의 장밋빛 볼에 입 맞추고 유두 빛 달콤한 입술을 빠는 것, 이것이 바로 사나이 최대의 즐거움이다!"

칭기즈칸에게는 오백 명의 비와 첩이 있었다고 한다. 몽골 여자뿐만 아니라 다양한 부족의 아리따운 여자들을 첩으로 맞아들였다. 당시에는 빼어난 미녀를 골라 황제에게 바치는 것이 관례였다.

그러나 이는 단지 표면적인 것일 뿐이다. 만약 칭기즈칸이 정말로 황음 무도했다면 블라디미르초프가 지적한 것처럼 그는 절대 60세 이상 장수하지 못했을 것이며, 죽기 전까지 사냥을 즐기지도 못했을 것이다. 그는 "미인과 명마는 누구나 다 좋아한다. 하지만 지나치게 탐닉하면 패가망신하게 된다"라는 성훈을 남겼다. 이렇게 그는 인간 본성의 약점을 지적하고 자제력의 필요성을 역설했다. 물론 그도 술을 좋아하고 여자와 말을 사랑했지만 엄격하게 절제했다.

칭기즈칸은 옹 칸과 연맹했을 때 자식과 신하의 도리를 지키기 위해 애쓰면서 노획한 물건은 옹 칸에게 먼저 바쳤다. 옹 칸은 탐욕스럽고 무능한 군주였다. 그는 칭기즈칸을 이용 가치가 있는 신하로만 여겼다. 칭기즈칸과 연합하여 출병했을 때도 대부분의 전리품을 독차지했다. 심지어 이익이 많겠다 싶으면 칭기즈칸은 제처두고 독자적으로 행동하면서 약탈한 전리품을 전혀 나눠주지 않았다. 칭기즈칸은 연합 전쟁에서 약탈한 대부분의 가축과 재물을 전부 옹 칸에게 양보했다. 하지만 영지와 부족민이 끊임없이 늘어나면서 점차 힘이 축적되었다.

인간 본성의 약점은 편안하고 안락한 생활을 끊임없이 추구한다는 것이다. 자제력을 잃게 되면 욕망은 당신의 의지를 삼켜버리고 생명을 녹슬게 할 것이다. 케레이드 옹 칸 부자는 탐욕 때문에 스스로 무덤을 팠다.

유우석(劉禹錫)의 「오의항(烏衣巷)」이라는 시에 이런 구절이 있다.

"지난날 왕도(王導)와 사안(謝安)의 대궐 같은 집에 드나들던 제비가 이제는 백성들 집에 예사로이 날아드네."

역사는 모든 것을 기록한다. 얼마나 많은 사람들이 향락을 탐하다가 스스로 무덤을 팠으며, 또 얼마나 많은 사람들이 세속에 야합하지 않는 청백한 기상으로 공을 세웠던가?

동진의 거부 석숭(石崇)이 형장에서 참수당할 때 "저들이 재물을 탐해 나를 죽이려는구나"라고 길게 탄식하자, 망나니가 "기왕에 이리 될 것을 왜 빨리 가산을 풀어 좋은 일을 하지 않았소?"라고 대답했다. 깨닫는 순간 때는 이미 늦었다.

당 중종(中宗)은 어머니 측천무후가 여황제에 등극하자 두려워서 벌벌 떨었다. 부인 위후(韋后)와 딸 안락(安樂)도 불안하기는 매한가지였다. 그러나 모든 사물은 극에 달하면 반드시 반작용을 일으키는 법, 당 중종이 다시 재위에 오르자 위후와 안락은 그동안 누리지 못했던 부귀영화를 보상이라도 받으려는 듯 사치와 향락을 일삼았다. 돈과 권력에 눈이 먼 모녀는 결국 중종을 독살하고 스스로 황제가 되겠다는 야심을 품었다. 그러니 더욱 거리낌 없이 행동했다. 당연히 이씨 황족은 용납하지 않았다. 그래서 이단(李旦)의 넷째아들 이융기(李隆基)가 들고 일어나 모녀를 몰아내고 황위에 등극했다. 그가 바로 현종(玄宗)이다.

당 현종이 등극해서 보니 가는 곳마다 향락에 빠진 사람들이었다. 그대로 보고 둘 수 없었던 그는 능라주단을 비롯한 궁궐 안의 모든 사치품을 불살라 자신의 뜻을 밝혔다. 굳은 신념으로 밀어붙이자 세상의 기풍도 따라서 변화했다. 아무런 사심 없이 정사에 전념한 당 현종으로 인해 대당제국은 전성기를 구가할 수 있었다.

하지만 현종도 완벽한 인간은 아니었다. 당나라가 번성하자 인간 본성의 약점을 드러냈다. 그는 미인을 탐하기 시작했다. 양옥환(楊玉環 : 양귀비)을 총애하여 늘 곁에 두고 봄이면 봄놀이를 가고 밤새도록 진탕 놀고 마셨다. 이때부터 현종은 정사를 돌보지 않았다. 당 현종도 인간 약점의 저주를 피하지 못했다. 결국 안녹산의 난이 일어나 양귀비는 살해되고 현종은 왕위를 아들에게 양보했다.

현대 사회의 물질 생활은 더할 나위 없이 풍요롭다. 하지만 물질에 대한 인식은 칭기즈칸과 같은 옛사람들보다 더 못한 수준이다.

물질은 인류에게 편리함을 제공하며, 자아 실현을 위해 더 많은 정력을 북돋아준다. 매슬로우(Abraham H. Maslow)의 이론에 따르면, 사람이 가장 먼저 필요로 하는 것은 생존이며 그 다음이 자아의 가치 실현이다. 사람은 생존을 확보한 후에는 필연적으로 자아의 가치 실현을 추구한다. 개인의 가치 실현은 사회와 자아로부터 인정을 받는 것이다. 다시 말해 물질은 영원한 수단일 뿐 목적이 아니라는 뜻이다.

최근 어느 고위 관리가 뇌물을 받고 구속되었다든가, 어느 기업 고위 간부가 거액을 횡령했다든가 하는 소식들이 귀에 끊이질 않는다. 그들은 모두 수년 전 뛰어난 실적을 쌓고 인구에 회자되던 사람들이다. 물질의 풍요는 편리함을 가져다주지만 유혹도 그만큼 많아진다. 특히 손쉽게 얻을 수 있을 때 더욱 그렇다. 그들이 막 성공의 정점에 올라서려는 순간에 실패하게 되는 근본 원인은 자제력의 부족이다. 그들은 수단을 목적으로 삼고 물질의 포로가 되었다.

사람이 동물과 다른 것은 이성과 지혜를 가지고 있는 것이며 자신의 행위에 책임질 줄 안다는 것이다. 물질적 욕망에 빠져 이성적으로 통제할 수 없다면 사람의 우위는 어디에 있는가? 동물과 무슨 차이가 있는가? 당연히 이런 사람들은 성공을 거론하지도 청사에 길이 이름을 남길 꿈도 꾸지 말아야 한다.

운명은 스스로 만들어가는 것이다

운명을 탓하기보다는 스스로를 믿는 것이 훨씬 낫다

칭기즈칸이 아홉 살 되던 해, 아버지 예수게이는 데이 슈찬에게 청혼을 하고 사돈을 맺었다. 예수게이는 칭기즈칸을 데이 슈찬에게 데려가 몇 년간 데릴사위로 맡겼다. 그는 떠나기 전에 이렇게 부탁했다.

"내 아들을 사위로 두고 가오. 내 아들은 개를 무서워하니, 개가 내 아들을 놀라게 하지 않도록 사돈이 잘 돌봐주시오."

아버지가 떠나기 전에 한 부탁에서 어린 시절 칭기즈칸은 수줍고 겁 많은 소년임을 알 수 있다.

갑작스레 벌어진 집안의 변고가 계기가 되어 소년 칭기즈칸은 운명을 탓하느니 자신을 믿는 것이 낫다는 만고의 진리를 깨달았다.

칭기즈칸이 성장하자 몽골의 주인이 되려고 했던 타이치오드족의 수령 타르고타이가 위협을 느꼈다. 그는 자신의 부족민을 소집

251

해놓고 말했다.

"우리가 버린 테무진 모자가 날짐승 새끼처럼 털이 풍성해지고 길짐승 새끼처럼 몸집이 자랐다. 가서 살펴보자."

타르고타이는 사람들을 이끌고 뒷날의 화근을 없애러 갔다.

칭기즈칸은 그들이 추격해오자 숲속으로 도망쳤다. 숲속에서 아홉 밤을 보낸 칭기즈칸은 더 이상 먹을거리를 찾을 수 없게 되었다.

"대장부가 하늘을 떠받치고 땅 위에 섰으면 죽더라도 기개가 있어야 한다! 이렇게 숲속에 숨어서 굶어죽으면 죽어서도 사람들의 비웃음거리가 된다."

그래서 그는 당당하게 말을 타고 숲에서 나왔다. 밖에서 기다리고 있던 타이치오드 사람들이 그를 사로잡았다.

타르고타이는 칭기즈칸에게 나무칼을 씌우고 사람들에게 돌아가면서 지키라고 명령했다. 칭기즈칸은 집에서 동생들을 돌보고 있을 홀어머니를 생각하며, 자신이 진 멍에를 다른 사람이 풀어주리라고 기대하지 않았다.

어느 날 타이치오드 사람들이 오난강 가에서 잔치를 벌였다. 연약해 보이는 소년 혼자서 칭기즈칸을 가둔 천막을 지키고 있었다. 칭기즈칸은 두근거리는 마음을 억누르며 "도망가자, 지금이 절호의 기회다!"라고 생각했다. 소년이 잠시 한눈을 파는 사이에 칭기즈칸은 나무칼로 소년을 기절시키고 나무칼을 찬 채로 오난강으로 도망쳤다. 적들이 추적할 것을 대비해 물 속에서 얼굴만 내놓고 드러누웠다. 하늘은 스스로 돕는 자를 돕는다고 했던가. 칭기즈칸은 그렇게 두 번씩이나 수색에 나선 타우치오드 사람들을 따돌렸다.

깊은 밤, 칭기즈칸은 물 속에서 일어나 타이치오드 사람인 소르칸 시라의 집으로 숨어들었다. 그런데 몇 번이나 수색을 해도 칭기즈칸을 찾지 못한 타이치오드 사람들은 마침내 자신의 부족민을 의심했다. 타르고타이는 집집마다 수색을 하라고 명령했다. 소르칸 시라의 집을 뒤질 때 궁지에 몰린 칭기즈칸은 양털 더미 속으로 숨었다. 때는 무더운 여름이었다.

수색자들이 양털 더미를 그냥 지나칠 리 없었다. 그때 소르칸 시라가 황급히 꾀를 냈다.

"이렇게 더운 날에 양털 더미 속에 어떻게 숨을 수 있겠소? 그 안에서 참을 수 있겠소?" 수색자들도 더위서 온몸이 땀으로 젖어 있었다. 얼굴 가득 양털이 달라붙자 더 이상 찾을 마음이 사라지고 손을 털었다.

소르칸 시라는 타이치오드 병사들이 다시 찾아올까 두려워, 칭기즈칸에게 어린 양을 한 마리 끓여 먹인 후 말 한 마리를 줘서 떠나보냈다.

칭기즈칸은 이렇게 가족들이 살고 있는 곳으로 도망쳐 나왔지만 그가 살던 게르도 보이지 않고 가족들도 모두 사라졌다. 칭기즈칸은 말에서 내려 땅 위에 찍힌 발자국을 자세히 살피면서 코르초코 동산까지 죽 쫓아가다가 마침내 가족들을 다시 만났다.

험난한 도피 과정 속에서도 칭기즈칸은 줄곧 냉정과 이성을 유지하면서 스스로를 지켜냈다. 그후 시련이 닥칠 때마다 칭기즈칸은 늘 그렇게 자신의 지혜와 힘으로 가족들을 구해냈다.

운명의 지배를 믿지 않았기에 진승(陳勝)과 오광(吳廣)은 중국 역사상 최초로 농민 전쟁을 일으켰고, 이세민은 현무문(玄武門)의 변을 일으켰다. 그리고 108명의 호걸들은 의(義)로서 양산박(梁山泊)에 집결했다.

물론 현대인이 칭기즈칸처럼 일생 동안 생명의 위험에 처하는 경우는 드물며 그렇게 많은 파란과 곡절을 겪지도 않았을 것이다. 하지만 평생 좌절과 아픔을 단 한 번도 겪지 않고 순조롭기만 한 인생을 사는 사람이 과연 몇이나 될까?

운명은 세상의 모든 문을 두드린다. 그것을 피해갈 수 있는 사람은 아무도 없다. 하지만 중요한 것은 문을 열고 어떻게 대응하는가이다. 운명 앞에서 좌절은 아무런 도움도 되지 않는다. 스스로를 강자로 생각하건 약자로 생각하건 당신의 유일한 선택은 자신의 힘으로 운명과 싸워 이기는 것이다. 그래서 귀머거리가 된 베토벤도 운명이라는 놈의 목을 조르고 『운명교향곡』을 작곡할 수 있었다.

사람의 능력은 결코 동일하지 않다. 타이슨의 주먹은 우리들보다 절대적으로 강할 것이며, 야오밍(姚明)의 키는 누구도 미치지 못한다. 조물주는 당신에게 걸맞은 운명만을 준다. 한 선각자는 "당신은 반드시 당신의 운명을 받아들여야 한다. 그것은 당신의 능력을 확신하기 위한 전제조건이다"라고 말했다. 이 전제조건이 있어야만 오만하지 않고, 허망한 목표를 세우지도 않으며, 맹목적으로 제2의 타이슨이나 야오밍이 되려 하지 않을 것이다.

모든 사람은 운명에 걸맞은 능력을 가지고 있다는 전제 하에 최선을 다해야 한다. 자신의 능력을 제대로 펼치지 못하거나 최선을 다하지 않는 것은 슬픈 일이다. 그렇게 되면 평생 여러 가지 실패를 겪게 되고 인생의 정상에도 오를 수 없게 된다.

엇갈리는 운명 속에서도 찬란한 인생을 살다간 칭기즈칸과 같은 위인 외에 여기 당신과 그다지 멀리 떨어지지 않은 예가 있다. 여성으로는 최초의 중국 과학원 핵심위원이 된 저명한 산부인과 전문의 린챠오즈(林巧稚), 그녀는 스스로의 힘으로 명예와 영광을 얻었다. 학창 시절 한 남학생이 "나는 수학을 100점 맞을 건데 너희 여학생들 몇 명의 점수를 다 합쳐도 그렇게 안 될 걸?"이라고 말하자, 린챠오즈가 "네가 100점 받으면 나는 110점을 받을 거야!"라고 자신 있게 반격했다. 시험 결과 린챠오즈는 정말로 여학생들의 체면을 살렸다. 그녀는 우수한 성적으로 베이징 협화의학원(協和醫學院)을 졸업한 후 국비로 영국 유학길에 올라 산부인과를 전공했다. 당시 여자가 메스를 들고 수술한다는 것은 상상할 수 없었던 협화의원 책임자는 전보를 보내 공공위생과로 전공을 바꾸라고 요구했다. 성별에 대한 차별이 다분한 전보를 보고 그녀는 분노했다. 그녀는 자신의 선택을 고수하면서 우수한 성적과 자신감, 자강 정신으로 책임자를 설득했다. 수년 후 그녀는 뛰어난 의술과 인품으로 협화의원 산부인과 과장으로 승진했다.

운명이란 무엇인가? 인간의 운명은 대체 누가 부여한 것인가? 『불설삼세인과경(佛說三世因果經)』에서는 "전생을 알고 싶다면 현재 자기가 처한 운명이 바로 그것이며, 내생을 알고 싶다면 현재 노력하고 있는 것이 곧 내생"이라고 가르치고 있다. 전생에 무엇을 심었느냐에 따라 현재의 열매가 정해지고 지금 무엇을 심느냐에 따라 내생의 열매가 정해진다. 이런 인과응보론은 비록 과학적이지는 못하지만 인간의 운명을 하늘이 정하는 것이 아닌 스스로 만드는 것이라는 사실을 긍정하고 있다. 이것은 칭기즈칸의 말과 같다. 자신의 운명은 자신의 힘으로 만드는 것이다. 운명을 믿느니 스스로의 능력을 믿어라.

지혜가 바로 승리의 열쇠다

지혜보다 좋은 친구는 없으며 어리석음보다 나쁜 적은 없다

칭기즈칸이 출가한 딸에게 말했다.

"지혜보다 좋은 친구는 없으며 어리석음보다 나쁜 적은 없다."

이 말은 칭기즈칸이 생활 속에서 터득한 진리다.

친하게 지내던 친구와 사이가 멀어지고 모르고 지내던 사람과 가까워졌던 일을 누구나 경험했을 것이다. 칭기즈칸의 인생 역정에도 이런 예가 적지 않으며, 심지어 아주 극단적인 상황도 발생했다. 그는 친구들과 단순히 사이가 멀어진 게 아니라 목숨을 다투는 원수가 되었다. 동시에 수많은 지난날의 적이 그의 맹우가 되기도 했다.

칭기즈칸이 가장 신뢰하던 맹우는 그의 안다(의형제)였던 자모카와 케레이드 옹 칸이었다. 하지만 훗날 그들은 각자 제 갈 길을 갔을 뿐만 아니라 초원의 패권을 다투는 적이 되었다.

칭기즈칸은 열한 살 때 자모카와 안다를 맺고, 이듬해 또 다시 안다를 맺었다. 1180년 가을, 자모카와 옹 칸은 각각 2만 명의 군사를 동원하여 메르키드족을 물리치고 칭기즈칸의 부인 부르테를 구해냈다. 그후 칭기즈칸과 자모카는 세 번째로 안다를 맺었다.

칭기즈칸이 자모카의 휘하로 들어간 자신의 옛 부족민을 되찾아오기 위해 애쓰자 일찍부터 초원의 패주가 되려는 야심을 품고 있던 자모카가 매우 불쾌해 했다. 두 사람의 관계는 결국 파국을 맞게 되었다. 세 번이나 안다의 정을 맺었지만 이익이 첨예하게 대립될 때 누가 자신의 이익을 포기하고 상대를 돕겠는가? 결국 인간은 이기적인 동물이다. 그래서 가장 신뢰할 수 있는 친구는 자기 자신밖에 없다.

1911년, 자모카는 열세 개 부족을 연합하여 칭기즈칸을 제거하려고 했다. 힘의 차이가 너무나 현격해 칭기즈칸은 많은 부족민을 잃고 패배했다.

1201년, 자모카가 또 다시 각 부족을 규합하여 연맹군을 조직하고 칭기즈칸을 공격했다. 이때는 칭기즈칸의 힘이 예전과 비교할 수 없을 정도로 강력해 하루가 채 지나기도 전에 연맹군을 물리쳤다.

1205년, 나이만족에게 투항한 자모카는 나이만족의 힘을 빌려 칭기즈칸과 다시 힘을 겨루고자 했다. 하지만 나이만의 칸이 전쟁을 두려워하자 군사를 이끌고 나이만을 떠났다. 그해 자모카는 부하들에게 배반당하고 칭기즈칸에게 끌려가 죽음을 맞이했다.

성숙한 사람은 타인에게 자신의 모든 걸 걸지 않는다. 칭기즈칸과 케레이드 옹 칸 부자의 일화가 비슷한 경우다.

부인을 되찾아오기 위해 메르키드와 전쟁을 벌일 때, 케레이드 옹 칸은 칭기즈칸의 중요한 지원자였다. 또 칭기즈칸은 옹 칸과 함께 타이치오드, 타타르, 자모카 등을 공격하기도 했다. 옹 칸이 나이만족 때문에 곤경에 처했을 때 칭기즈칸은 '네 충신'을 보내 지원했다. 하지만 결국 이익 대립으로 인해 두 사람은 용호상박의 숙명을 피해가지 못했다. 칼라칼지드 전투에서 옹 칸 부자의 기습 공격으로 칭기즈칸의 군대는 심각한 타격을 입고 부족민의 태반을 잃었다. 1203년 칭기즈칸은 복수전을 일으켰고, 이 전쟁은 옹 칸 부자가 패망하는 직접적인 도화선이 되었다.

맹우뿐만 아니라 사랑하는 가족도 이익 앞에서는 당신을 배반할 수 있다. 다시 칭기즈칸을 보자. 그의 삼촌과 사촌형은 칭기즈칸이 만든 제도를 짓밟고 그를 배반했다. 사람과 사람의 모든 관계는 일시적인 계약 관계로 볼 수 있다. 친구나 심지어 가족도 예외가 아니다. 일단 서로 반목하게 되면 친구는 더 이상 당신을 돕는 힘이 아니라 오히려 그 반대다. 지난날의 친구가 가장 무서운 적이 된다. 그래서 그 어떤 친구도 지혜보다 좋을 수는 없다고 말한 것이다. 지혜야말로 영원히 당신을 지원하는 힘이기 때문이다. 같은 이치로 그 어떤 적도 어리석음보다 더 나쁠 수는 없다. 적이 아무리 나쁘다 해도 자신이 똑똑하기만 하면 적을 이길 수 있다. 하지만 자신이 어리석어 잘못된 결정을 내리게 되면 적은 싸우지도 않고 승리를 거둔다.

지혜를 가졌다는 것은 승리의 열쇠를 가진 것과 마찬가지다. 지난 역사 속에서 지혜는 비견할 수 없는 뛰어난 힘을 보여줬다. 안자(晏子)는 복숭아 두 개로 제나라의 무사 셋을 죽였다. 제갈량은 주유를 세 번 화나게 하여 직접 손쓰지 않고 죽게 만들었다. 조조는 반간계와 고육계에 잘못 걸려들어 적벽대전에서 돌이킬 수 없는 패국을 맞이했다.

사람들이 가진 지혜는 어떤 모습일까? 두 다리를 잘린 손빈(孫臏)은 지혜를 이용해 속 좁은 방연(龐涓)을 숲속에서 죽게 하고 백만 명에 달하는 적을 섬멸했다. 그의 지혜는 잔인함과 살상력을 증명했다. 소크라테스는 광장 한편에서 사람들과 변론을 펼쳤고 맹자(孟子)는 사당에서 열띠게 웅변을 했다. 두 사람의 지혜는 날카로운 통찰력이다. 장자(莊子)는 혼탁한 세상에서도 유유자적했고 이백(李白)은 달을 보며 춤을 췄다. 여기서 지혜는 일종의 자유분방함이다. 리쟈청이 자신의 사업을 이루었을 때의 지혜는 재산이며 네트워크가 세상을 연결하고 휴대전화가 3G로 발전할 때의 지혜는 생산력이다. 지혜는 대세에 대한 통찰력이며 사회에 대한 깊이 있는 인식이다.

하느님은 솔로몬에게 "내가 네 말대로 하여 네게 지혜롭고 총명한 마음을 주나니 너의 전에도 너와 같은 자가 없었거니와 너의 후에도 너와 같은 자가 없으리라"라고 말했다. 지혜를 가지게 되면 지혜뿐만 아니라 다른 모든 것을 가지게 된다.

시간의 퇴적과 함께 진리는 우리에게 더 많은 깨우침을 주게 될 것이다.

자르는 선

우편요금
수취인 후납

발송유효기간
2009.6.30~2011.6.30

마포우체국 승인
제40556호

우 편 엽 서

보내는 사람

☐☐☐ - ☐☐☐

도서출판 이빛

서울시 마포구 서교동 339-4(2층)

ilbit@naver.com

| 1 | 2 | 1 | – | 8 | 3 | 7 |

좋은 책은 독자와 함께 만듭니다. 엽서를 보내주시면 일빛의 독자회원으로 모시겠습니다.
회원님들께는 일빛의 신간보도자료를 우선적으로 발송해드리며
일빛 블로그(http://blog.naver.com/ilbit)에 서평을 올려주신 분 중 선정을 통해
일빛의 신간 1부를 증정해드립니다.

■ **구입한 책 제목**

■ **구입한 서점**

　□ 온라인 서점 (　　　　　) □ 오프라인 서점 (　　　　　)

■ **구입한 날짜**　　　　년　　　　월　　　　일

■ **구입한 동기** (해당 란에 ∨표시)

　□ 신간안내나 서평을 보고 [　　　　　　　　에 실린글]
　□ 서점에서 우연히 눈에 띄어서
　□ 주위의 권유 [　　　　　　　　　　로부터]
　□ 선물로 받음 [　　　　　　　　　에게서]

■ **구입하신 책에 대한 소감이나 도서출판 일빛에 하고 싶은 말씀을 적어주세요.**
(내용 · 제목 · 표지 · 책값 등)

■ **독자님께서 관심 있는 책의 분야는 무엇입니까?** (해당란에 ∨표시, 복수응답 가능)

　□ 역사　　　□ 문학　　　□ 문화예술　　　□ 사회과학　　　□ 자연과학
　□ 외국어　　□ 실용　　　□ 아동 · 청소년　　□ 경제경영　　□ 자기계발

■ **독자 회원란**

이름	성별	나이
1. 생년월일		
2. 직업		
3. 연락처	E-mail	
4. 요즘 읽은 책 중 다른 사람에게 권하고 싶은 책		
5. 구독하고 있는 신문 · 잡지		

* 독자님의 소중한 개인정보는 외부로 유출되지 않도록 철저히 관리하겠습니다.

자른스소